ELOGIOS
TOQ
TRANSFOI

Toque transformador llega al dolor más profundo del alma. No tiene nada que ver con el estilo del mundo de sólo vendar una herida, que sólo sirve para tapar la herida, mas no sanarla. En Jeremías 6:14, Dios advierte sobre la "sanidad superficial" y da el único verdadero remedio para toda aflicción o privación humana: volver al Único que puede sanar el dolor más profundo con un amor que penetra muy adentro.

Margaret Ashmore
Denton Bible Church
Denton, Texas

Hemos descubierto que la comprensión de los nombres de Dios es uno de los métodos más importante para obtener el bienestar emocional y espiritual. Como Sally dice en la introducción: "Primero debemos estar dispuestos a venir a Él". Conocer Sus nombres promueve en nosotros el deseo de acercarnos a Él, y permite que Él nos guíe en triunfo en lugar de derrota.

Pastor Dale and Cathy Dickinson
Jericho Road Christian Fellowship
El Cajon, California

Toque transformador trae esperanza a aquellas personas quienes, como resultado de las heridas del pasado, quedaron con un vacío y han querido llenarlo. *Toque transformador* guía al lector a quien los heridos más necesitan: Dios y todas Sus promesas. El libro revela un amor que va más allá del conocimiento; un amor que sana y transforma las vidas con el poder del Espíritu Santo.

Colleen Hughes
Defensora de los derechos contra la violencia doméstica y el abuso sexual
Riverside County, California

TOQUE TRANSFORMADOR

ESPERANZA PARA LOS HERIDOS

UN CURSO DE DISCIPULADO DE NUEVE SEMANAS

Cuando Jesús lo vio acostado,
y supo que llevaba ya mucho tiempo así,
le dijo: ¿Quieres ser sano?
Juan 5:6

SALLY VAN WICK

Toque transformador: Esperanza para los heridos

Edición en español © 2017 por Sally Van Wick

Publicado por Sally Van Wick

Temecula, California, U.S.A.

Impreso en los Estados Unidos de América

A menos que se indique lo contrario, las citas bíblicas son tomadas de LA BIBLIA DE LAS AMÉRICAS © Copyright 1986, 1995, 1997 por The Lockman Foundation. Usadas con permiso.

Las citas bíblicas marcadas como «NVI» son tomadas de La Santa Biblia, Nueva Versión Internacional® NVI® Copyright © 1986, 1999, 2015 por Biblica, Inc. Usada con permiso. Todos los derechos reservados mundialmente.

Las citas bíblicas marcadas como «NTV» son tomadas de la Santa Biblia, Nueva Traducción Viviente, © Tyndale House Foundation, 2010. Usado con permiso de Tyndale House Publishers, Inc., 351 Executive Dr., Carol Stream, IL 60188, Estados Unidos de América. Todos los derechos reservados.

Las citas bíblicas marcadas como «DHH» son tomadas de la Biblia Dios habla hoy ®, Tercera edición © Sociedades Bíblicas Unidas, 1966, 1970, 1979, 1983, 1996. Usada con permiso.

Originalmente publicado en inglés bajo el título *Touched and Transformed: Hope for the Hurting*

© 2017 Sally Van Wick
Todos los derechos reservados

ISBN-13: 978-0-9983927-2-1

Para información adicional de la autora, visite sallyvanwick.com, envíe un correo electrónico a sally@ccbf.net, o escriba a: Sally Van Wick, 34180 Rancho California Road, Temecula, CA 92591, U.S.A.

Diseño de portada e interior por Five J's Design | fivejsdesign.com

Foto de la portada: Lightstock | Pearl

Traducción al español por Lillie Rodríguez

Edición por LM Editorial Services | lmorales.editorialservices@gmail.com

Índice

PRÓLOGO

BRIAN Y CHERYL BRODERSEN

Existe un himno antiguo que pregunta: "¿Quieres ser salvo de toda maldad?". Enseguida responde a la pregunta con el remedio: "Hay poder, poder, sin igual poder; en Jesús, quien murió". En el transcurso de nuestro ministerio hemos tenido la oportunidad de conocer y ministrar a muchas personas que batallan con apropiarse de ese poder libertador de Jesucristo en sus vidas. Son personas cristianas, pero siguen luchando con la vergüenza, la condena, el dolor emocional y los eventos tormentosos de su pasado.

Hace unos años, Sally Van Wick compartió con nosotros cómo ella se esforzaba en trabajar con cristianos que necesitaban ser sanados y liberados del daño de los traumas del pasado. Estos creyentes habían intentado ser sanados usando varios métodos, programas, consejerías, pero no habían tenido éxito. Sally reconoció que la sanidad interior que ella y su esposo Clark habían encontrado en sus propias vidas vino a través de un conocimiento más profundo del carácter de Dios y Su amor. A medida que su entendimiento era mayor, encontraban no sólo la sanidad para sus propias heridas, sino también un deseo cada vez más fuerte de traer esta sanidad divina a otras personas. Este deseo creció más y más en el corazón de Sally. Frustrada con manuales que prometían sanidad del alma, pero que se enfocaban más en las heridas y el pasado que en la realidad actual del poder de Dios, Sally sintió que el Espíritu Santo la estaba guiando a escribir su propio manual de estudio.

Cada vez que nos encontrábamos con Sally le preguntábamos sobre el libro. El progreso fue lento, pero seguro. Cada capítulo fue pensado cuidadosamente, bañado diligentemente con oración, y escrito desde el corazón.

Toque transformador es el fruto de un trabajo de amor. El enfoque de este libro es la persona de Dios tal como Él mismo se ha revelado en las Escrituras. La Biblia es la revelación de Dios, de Su poder, amor y gracia para la humanidad. Estamos seguros que aquellos que toman la jornada a través del *Toque transformador* serán tocados y transformados al apropiarse de la verdad del Dios santo, quien los creó, los amó con un amor tan profundo que envió a Su único Hijo para salvarlos, y se deleita en manifestar Su gracia sanadora a todos los que lo reciben.

¿Estás listo para ser tocado por Dios? ¿Estás dispuesto a ser liberado de esos tormentos horrendos del pasado que constantemente afectan tus mejores momentos? Si es así, prepárate para ser cambiado por las verdades transformadoras que encontrarás, mientras aprendes a apropiarte del carácter de Dios en tu corazón y tu mente. La Biblia promete que Dios se acercará a aquellos que se acercan a Él (ver Santiago 4:8). Nuestra oración es que al acercarte a Dios a través de *Toque transformador*, Dios ciertamente se acercará a ti, tocando y transformando tu vida. ¡Prepárate para ser libre!

INTRODUCCIÓN

Cada uno de nosotros hemos experimentado dolor. El problema es que muchos cargamos nuestro dolor con nosotros, muy en el fondo y nunca encontramos la sanidad interior que Dios desea para nuestras vidas. Quizá has pasado por un divorcio. Tal vez sientas que te casaste con la persona equivocada. Posiblemente has perdido un hijo por un aborto, sea provocado o no. Tal vez fuiste víctima de violencia física o sexual, o abuso emocional, y has guardado el secreto por mucho tiempo. O quizá fuiste acusado injustamente y te cuesta perdonar a la persona que te acusó.

Tal vez tienes dificultades en tu relación con tu madre o tu padre o un hermano. Quizá fuiste abusado de niño. Tal vez no te sientes seguro en tu propia casa.

Quizá has buscado la ayuda de un doctor o consejero, o tal vez has evitado cualquier ayuda profesional. Posiblemente estás tan lleno de dolor que no te permite decirle a alguien o pedir ayuda. Tienes un deseo de encontrar paz, pero no tienes idea de cómo resolver los problemas que te atormentan.

Tal vez asistes a una iglesia o quizá nunca has entrado a un templo. Posiblemente lees la Biblia, oras, tienes un tiempo devocional con tu familia, y hasta tienes un ministerio en tu iglesia o tal vez para ti la oración es difícil y te cuesta acercarte a Dios. Quizá sabes que Dios te ama, pero tú no lo amas.

Como esposa de pastor y maestra de estudios bíblicos en la iglesia Calvary Chapel Bible Fellowship en Temecula, California, conozco diariamente a hombres y mujeres que cargan mucho bagaje de su pasado. Yo fui una de estas personas, por eso es fácil para mí identificarlos. Millones de hombres y mujeres sufren de heridas emocionales del pasado como: el abandono, la traición, la violación, el descuido o la pérdida de un ser querido. Estas circunstancias de la vida pueden provocar depresión, deseos o acciones autodestructivas, abuso de drogas u otras sustancias, y otras secuelas dañinas. No importa la causa, estas heridas afectan la persona que sufre y también su relación con otros.

Por eso escribí *Toque transformador*. En todos mis años de ministerio he visto personas heridas tomar curso tras curso, estudio tras estudio, tratando de encontrar una respuesta para el dolor que están cargando en sus vidas. Yo espero que este estudio sea diferente. Espero que este estudio apunte a Jesucristo, el Verbo viviente de Dios, el Único que puede revelar la raíz del dolor y llevarles a una sanidad verdadera y duradera.

Toque transformador es un estudio de nueve semanas. Cada semana tiene cinco lecciones diarias. Al final de la lectura de cada día encontrarás preguntas relacionadas con la vida de varios personajes de la Biblia para descubrir cómo Dios obró Su propósito para Su gloria en cada situación. El último día de cada semana te familiarizarás con algunos de los tantos nombres de Dios, aprenderás más sobre el carácter de Dios, Sus promesas y cómo se relaciona contigo. A través de este estudio tienes que venir al Señor con un corazón abierto, dispuesto a recibir.

En nuestra iglesia, emparejamos cada persona que toma el curso de *Toque transformador* con un líder, alguien que escogemos con mucha oración, quien toma en serio la situación de la persona y desea guiarla al Dios de "toda consolación" (2 Corintios 1:3). El objetivo de este líder es motivar a la persona a buscar una relación más cercana con Jesucristo para que esta persona pueda conocerlo más, y con ese conocimiento sea libre para "crecer en la gracia y el conocimiento de nuestro Señor y Salvador Jesucristo" (2 Pedro 3:18). Si tú decides hacer este estudio con un líder, tienes que saber que es vital que seas honesto y abierto en compartir tus heridas. Así que es muy importante pedir el consejo de un pastor u otro líder de la iglesia para escoger a una persona madura, de confianza, que tratará con tus heridas del pasado con sensibilidad, comprensión y confidencialidad. Pero aunque trabajando así, en pareja, ha sido el formato ideal para nuestra iglesia, *Toque transformador* puede ser usado por iglesias, ministerios, grupos o individuos de la manera que mejor funcione para ellos.

Este curso de discipulado bíblico es tanto para hombres como para mujeres, y trata con asuntos dolorosos del pasado, aunque no está enfocado en ellos. En cambio, está enfocado en el carácter de Dios y Su influencia divina en los corazones de Su pueblo.

Toque transformador motiva a los participantes a encontrarse directamente con Dios para que puedan conocer Su amor incondicional y confiar en Él para una sanidad verdadera. Dios, por Su gracia, es capaz de cambiar vidas de una manera sobrenatural. Yo oro que cada persona que tome este curso anhele con mucha oración la obra transformadora de Dios para recibir la libertad que sólo viene de Él.

Mi oración es que a través de este estudio reconozcas la raíz de tus dolores más profundos y dejes que Dios sane las heridas de tu corazón.

Palabras del
Pastor Clark Van Wick

Sally y yo nos sentimos verdaderamente honrados al tener la oportunidad de servir al Cuerpo de Cristo en la iglesia Calvary Chapel Bible Fellowship. Más que nada queremos que las personas conozcan el amor y la bondad de Dios, y la libertad que se encuentra en la gracia de Jesucristo.

Muy a menudo nos encontramos con hombres y mujeres cuyos problemas tienen su raíz en asuntos del presente o del pasado, que no han sido tratados de una manera apropiada según la Palabra de Dios.

Sally y yo vimos la necesidad de preparar un estudio bíblico que guíe a las personas a recibir el toque sanador del Señor y a un verdadero entendimiento de Su carácter. Con mucha oración, exhorté a Sally a crear un estudio de discipulado que ayude a hombres y mujeres a crecer en la gracia de Dios.

Es muy importante entender que la Palabra de Dios tiene una relación directa con nuestras vidas, sin importar la edad o el género. Eso es lo que hace que *Toque transformador* sea tan poderoso. Este estudio guía al lector a través de la Palabra de Dios con un enfoque en los testimonios bíblicos y los nombres y el carácter de Dios. Mientras son guiados en la jornada de *Toque transformador*, las vidas de las personas experimentarán cambios a medida que adquieren un conocimiento más profundo del Señor, basado en Su Palabra, a la vez que Su Espíritu pondrá un deseo renovador para que lo conozcan de manera relacional.

Jesucristo ofrece esperanza y sanidad para los quebrantados de corazón, para todos aquellos que quieran ser sanados. No hay una manera de encontrar descanso para nuestras almas aparte de Jesús. Recomiendo altamente *Toque transformador* a cualquier persona que esté buscando una sanidad interior completa. No importa quién eres, ni qué te haya sucedido en el presente o en el pasado, Jesucristo es la respuesta.

Doy gracias a Dios por permitirnos ser parte de la obra que Él está haciendo, y estoy emocionado al ver todo lo que Dios hará a través de *Toque transformador*.

Por Su gracia,
Pastor Clark Van Wick

AGRADECIMIENTOS

Desde lo más profundo de mi corazón, agradezco especialmente a

Jesucristo: Estoy muy agradecida a Jesús por salvarme. Me salvó de una vida de pecado y destrucción. Me tocó con el poder del Espíritu Santo y transformó mi vida con Su consuelo, sanidad y restauración, como sólo Él lo puede hacer.

Mis padres: Quiero dar gracias a mis padres maravillosos por su sacrificio, amor y paciencia en los años difíciles de mi adolescencia y por estar siempre conmigo.

Mi familia de fe: Quiero dar gracias muy especialmente a todos los que me brindaron iluminación e inspiración y oraron por este proyecto.

Jeff y Lori Wear, Teresa Dodson, Barb Price, Melissa Landis, Andrea Archambeau, Tim y Beth Watkins, Pastor Ricco Gómez y otros: Gracias por dedicar muchas horas de servicio guiando a otros a Jesucristo, quien tocó y transformó sus vidas a través de este estudio.

Rob y Kim Thompson y Emily Barton: Gracias por ayudar con la edición inicial y la organización del libro.

Cheryl Brodersen: Gracias, amiga mía, por animarme y darme un ejemplo de qué significa vivir una vida comprometida con Cristo en todos los aspectos.

Mi editora, Becky English: Gracias, fue un placer trabajar contigo. ¡No lo hubiera hecho sin ti!

Lillie Rodríguez: Gracias por las muchas horas que pasaste traduciendo este libro del inglés al español. Y a Lydia Morales: Gracias por tu experiencia editorial y atención a los detalles en la edición y corrección del manuscrito en español. Ambas fueron vitales para la creación de este volumen.

Mis diseñadores, Jeff y Joy Miller de Five J's Design: Gracias por el excelente trabajo con el manuscrito, el diseño interior, la portada y el diseño del libro en su forma electrónica.

Y por último, pero no menos importante, a Pastor Clark Van Wick: Quiero dar gracias muy en especial a mi increíble esposo, quien es mi pastor, mi jefe, mi mejor amigo, mi alentador y mi mentor. Eres un padre extraordinario para nuestros hijos y un abuelo maravilloso para nuestros nietos. Gracias por amarme con el amor de Cristo, a pesar de los errores que yo había cometido en mi vida antes de conocer a Cristo. Tú eres un ejemplo increíble de lo que significa ser un hombre conforme al corazón de Dios. ¡Te amo mucho!

El toque transformador que sana

Y no os adaptéis a este mundo, sino transformaos mediante la renovación de vuestra mente, para que verifiquéis cuál es la voluntad de Dios: lo que es bueno, aceptable y perfecto.

Romanos 12:2

DÍA 1: SANIDAD INTERIOR: DOLOROSO PERO VALIOSO

Cuando era joven y apenas estaba aprendiendo a manejar la bicicleta, di una vuelta muy rápido y me caí. Salí con un raspón muy fuerte en mi pierna. Debido a que el asfalto estaba incrustado en mi piel, mi madre tuvo que limpiar la herida hasta que la suciedad y la gravilla fueron removidas. El proceso fue extremadamente doloroso, pero mi madre me dijo que si quería que la herida se sanara era necesario limpiar la suciedad.

Lo mismo sucede con nuestros corazones. Para que la sanidad pueda ocurrir, primero tenemos que dejar que Dios limpie nuestros corazones. De otra manera, la infección de la amargura surgirá en nuestros corazones.

Esto comienza cuando reconocemos el pecado relacionado con las heridas que tenemos, *ya sea nuestro pecado o el pecado de otras personas que nos han afectado*. Este proceso de evaluar las heridas y enfrentar los pecados que las han causado puede ser muy doloroso, pero necesario. Y los beneficios para aquellos que perseveran en este proceso serán incalculables. A medida que vas trabajando con *Toque transformador*, puede que seas tentado a abandonar el proceso cuando se vuelve demasiado doloroso, pero anímate al leer Filipenses 1:6, que dice: "Estando convencido precisamente de esto: que Él que comenzó en vosotros la buena obra, la perfeccionará hasta el día de Cristo Jesús". El Señor quiere traerte a una sanidad verdadera y duradera.

El problema es que nosotros tenemos la tendencia de cargar con el dolor del pasado. Pero esto es como cargar la basura con uno. ¿Quién saca la basura para después ir corriendo detrás del camión de basura a pedir que se la devuelvan? ¡Nadie! Pero ¿cuántas veces hacemos esto mismo en nuestras vidas? Le entregamos a Dios nuestros pecados y dolores pero, de repente, regresamos a cargar con la "basura" de nuevo. Entre más tiempo cargamos con la basura más fuerte es el hedor, y cada vez peor; entre más basura cargamos, más apesta. Aunque es posible que nos acostumbremos al mal olor, las demás personas son afectadas de una manera negativa.

Así como el camión se lleva la basura por completo, Dios nos promete en el Salmo 103:12: "Como está de lejos el oriente del occidente, así alejó de nosotros nuestras transgresiones". En la medida que escogemos entregar nuestras heridas del pasado a Jesús, y buscar Su sanidad, la dulce fragancia de Cristo penetrará en nuestras vidas y atraerá a otros hacia Él: "Pero gracias a Dios, que en Cristo siempre nos lleva en triunfo, y que por medio de nosotros manifiesta en todo lugar la fragancia de su conocimiento. Porque fragante aroma de Cristo somos para Dios entre los que se salvan y entre los que se pierden" (2 Corintios 2:14-15).

Sin embargo, primero tenemos que estar dispuestos a venir a Dios y confiar que Él puede quitar totalmente la basura de nuestras vidas y darnos Su sanidad a cambio. ¡Hoy es el día! Escoge lo que prefieres que emane de tu vida: el mal olor del pasado o la fragancia de Cristo.

Mientras consideras la necesidad de hacerle frente a las cosas dolorosas con el fin de obtener sanidad interior en tu vida, responde a las preguntas a continuación.

1. ¿Alguna vez has mirado honestamente tu pecado o el pecado de otros que te ha afectado para encontrar la sanidad? ¿Qué tan dispuesto estás a hacerlo? Escribe tus pensamientos a continuación.

2. ¿Qué "basura" de tu vida pasada estás cargando contigo? ¿Cómo te ha afectado a través de los meses y años?

DÍA 2: LA SOLUCIÓN: JESUCRISTO

Jesús nos hace una invitación en Mateo 11:28-30: "Venid a mí, todos los que estáis cansados y cargados, y yo os haré descansar. Tomad mi yugo sobre vosotros y aprended de mí, que soy manso y humilde de corazón, y hallareis descanso para vuestras almas. Porque mi yugo es fácil y mi carga ligera". Él te está llamando hoy.

Jesús vino a "buscar y a salvar lo que se había perdido" (Lucas 19:10). También vino para que tuvieras vida y vida en abundancia (ver Juan 10:10). En Jeremías 29:11-13, Dios nos dice: "Porque yo sé los planes que tengo para vosotros" —declara el Señor— "planes de bienestar y no de calamidad, para daros un futuro y una esperanza. Me invocaréis, y vendréis a rogarme, y yo os escucharé. Me buscaréis y me encontraréis, cuando me busquéis de todo corazón". Si lo buscas a Él, lo *vas* a encontrar y conocer. Clama a Jesús, ven a Él con un corazón dispuesto, buscando conocerlo de una manera más íntima. Deja que Él hable a lo íntimo de tu corazón con palabras de consuelo y sanidad.

Toque transformador no es una venda superficial para cubrir las heridas sino una presentación del Dios del universo que no depende de nadie y, a su vez, suple las necesidades y los deseos de toda la creación. Él es el Único que puede realmente transformar nuestras vidas. Él no nos ha llamado a ser religiosos o *hacer una lista de reglas*, sino a tener una relación con Él, por *lo que Él ya ha hecho*. No tenemos que limpiarnos antes de venir a Él, únicamente venimos tal como somos y le pedimos que haga la obra que sólo Él puede hacer en nuestras vidas.

El amor de Dios no está basado en nuestro comportamiento; en cambio, es incondicional e inmerecido.

No hay nada que podamos hacer para ganarlo, ni nada que podamos hacer para evitarlo. Jesucristo nos ama a pesar de nuestra desobediencia, nuestras debilidades, nuestro pecado y nuestro egoísmo. Una de las Escrituras más poderosas, Romanos 5:8, nos muestra esto: "Pero Dios demuestra su amor para con nosotros, en que siendo aún pecadores, Cristo murió por nosotros". Dios nos ama tanto que envió a su Hijo a morir en la cruz para que podamos tener vida eterna con Él. Su obra es completa y nosotros podemos simplemente descansar en Su gran amor para con nosotros. Él hizo esto para que nosotros podamos "conocer el amor de Cristo que sobrepasa el conocimiento", y ser "llenos hasta la medida de toda la plenitud de Dios" (Efesios 3:19).

Cuando estamos experimentando dolor o lidiando con una situación difícil, es fácil creer la mentira que nadie entiende nuestra situación. Aunque es verdad que quizá nadie entiende nuestros sentimientos en un momento dado, podemos tener la certeza de que Cristo Jesús entiende nuestro corazón completamente.

Aunque no todos entienden lo que estamos pasando, algunas personas sí *pueden* entender los problemas que hemos experimentado. A través de *Toque transformador* observaremos varios personajes de la Biblia como David, Ana, Salomón, José, y otros que lucharon con heridas del corazón. Dios usó estos hombres y mujeres de una manera poderosa, aunque sufrieron el abandono, el abuso, el desánimo y la traición, y a la vez tomaron malas decisiones que les trajeron consecuencias terribles. Cuando leemos la Palabra de Dios, podemos identificarnos con las vidas de ellos quienes, a pesar de diversas circunstancias, tenían una cosa en común: fe en un Dios extraordinario, quien siempre obraba a su favor para Su gloria, mucho más allá de lo que ellos podían esperar o imaginar.

En 2 Corintios 1:3-5 leemos: "Bendito sea el Dios y Padre de nuestro Señor Jesucristo, Padre de misericordias y Dios de toda consolación, el cual nos consuela en toda tribulación nuestra, para que nosotros podamos consolar a los que están en cualquier aflicción con el consuelo con que nosotros mismos somos consolados por Dios. Porque así como los sufrimientos de Cristo son nuestros en abundancia, así también abunda nuestro consuelo por medio de Cristo". La Biblia nos asegura que nunca estamos solos. Dios no sólo entiende nuestros problemas, sino que Él se compadece de nuestras debilidades (ver Hebreos 4:15). Él promete Su presencia consoladora en medio de nuestras dificultades.

> *Porque no tenemos un sumo sacerdote que no pueda compadecerse de nuestras flaquezas, sino uno que ha sido tentado en todo como nosotros, pero sin pecado.*
> **Hebreos 4:15**

1. ¿De qué manera está Dios tratando en tu vida en cuanto a tu necesidad de sanidad interior? ¿Qué te está diciendo específicamente en este momento?

2. La Biblia no es un libro sobre personas perfectas, sino de mujeres y hombres que han atravesado desafíos increíbles, algunos como consecuencia de sus actos y otros por la crueldad de otros. ¿De qué manera te alienta pensar que las personas en la

Biblia han pasado por las mismas dificultades con las cuales tú estás lidiando hoy?

DÍA 3: HACER UN INVENTARIO ESPIRITUAL

El profeta Jeremías compara nuestras vidas con la vida de un árbol:

> Bendito es el hombre que confía en el Señor, cuya confianza es el Señor. Será como árbol plantado junto al agua, que extiende sus raíces junto a la corriente no temerá cuando venga el calor, y sus hojas estarán verdes; en año de sequía no se angustiará ni cesará de dar fruto. (Jeremías17:7-8)

El profeta compara las raíces del árbol con nuestras creencias y el fruto con nuestras elecciones, acciones, emociones, actitudes y relaciones con Dios y las demás personas. En otras palabras, *lo que creemos* es la raíz del fruto que producimos en nuestras vidas. Si nuestro sistema de raíces es saludable, nuestras vidas darán frutos sanos. A. W. Tozer, uno de mis autores preferidos, dice en su libro, *La Raíz de los justos*: "Un árbol puede resistir casi cualquier tormenta con tal que su raíz sea sana";[1] y cita a Proverbios 12:12: "La raíz de los justos da fruto". Si nosotros queremos producir fruto sano en nuestras vidas, tenemos que estar arraigados en la verdad de la Palabra de Dios: "La suma de tu palabra es verdad, y cada una de tus justas ordenanzas es eterna" (Salmos 119:160).

No es necesario trabajar o esforzarnos para producir fruto. Sencillamente, a medida que seamos más y más arraigados en la verdad de Dios, de una forma natural, Él producirá el fruto que es bueno y agradable en nuestras vidas. Gálatas 5:22-23 lo explica de esta manera: "Mas el fruto del Espíritu es amor, gozo, paz, paciencia, benignidad, bondad, fidelidad, mansedumbre, dominio propio; contra tales cosas no hay ley".

Permaneced en mí, y yo en vosotros. Como el sarmiento no puede dar fruto por sí mismo si no permanece en la vid, así tampoco vosotros si no permanecéis en mí

Jaun 15:4

Por otro lado, cuando creemos las mentiras o escogemos no seguir a Dios, nuestras vidas producen frutos malos. Tozer también escribió: "Las creencias erróneas detendrán el crecimiento en la vida de cualquier cristiano. El deseo erróneo pervierte el juicio moral para que no podamos evaluar el objeto deseado en su valor real".[2] Si no creemos la verdad acerca del carácter de Dios y, en cambio, ponemos nuestra confianza en el hombre, el resultado será desastroso: "Maldito el hombre que en el hombre confía, y hace de la carne su fortaleza, y del Señor se aparta su corazón. Será como arbusto en el yermo y no verá el bien cuando venga; habitará en pedregales en el desierto, tierra salada y sin habitantes" (Jeremías 17:5-6).

Jesús nos enseña que Satanás es quien origina las mentiras, y ellas son la raíz del mal fruto. En Juan 8:44, Jesús les dijo a los que no creyeron en Él: "Sois de vuestro padre el diablo y queréis hacer los deseos de vuestro padre. Él fue un homicida desde el principio, y no se ha mantenido en la verdad porque no hay verdad en él. Cuando habla mentira, habla de su propia naturaleza, porque es mentiroso y el padre de la mentira". No importa si la persona es creyente o no, al momento de creer las mentiras de Satanás, estas toman control de ella y producen malos frutos.

¿Qué tipo de fruto estás produciendo? Lee la lista siguiente y encierra con un círculo cualquier síntoma que se está manifestando en tu vida:

Abstinencia/falta de deseo sexual

Abusar de los demás

Abuso de sustancias

Aislamiento

Amargura

Ansiedad social

Ansiedad/angustia

Comparación con otros

Comportamiento obsesivo

Condenación/sentirte sucio

Confusión

Controlar a los demás

Cortaduras (autoinfligidas)

Culpa

Depresión

Desamparo

Deseo de lastimar a otros

Deseo de que las otras personas te vean con lástima

Desesperación

Dificultad de relacionarse con hijos, cónyuges u otros

Dudas sobre sí mismo

Enojo/ira

Evitar relaciones personales

Experimentar escenas retrospectivas o pesadillas

Frustración

Horror

Incapacidad para perdonar

Incapacidad para recibir perdón

Lástima de sí mismo o autocompasión

Llamar la atención

Necesidad de estar ocupado en todo momento

Odio hacia ti mismo

Pánico

Parálisis emocional

Paranoia

Pena

Perfeccionismo

Promiscuidad sexual

Remordimiento

Saboteo de tus propias relaciones sanas

Sentido de inferioridad

Sentido de no ser digno

Sentimientos de ser siempre la víctima

Sobreprotección

Soledad

Temor al fracaso

Temor al rechazo

Temor de no ser amado(a)

Temor de nuevas relaciones

Temor de perder un hijo

Temor de ser desvalorizado(a)

Temor de ser explotado(a)

Temor del castigo de Dios

Temor de embarazo/infertilidad

Trastorno alimenticio

Tristeza/duelo

Venganza

Ahora mira esta segunda lista y encierra con un círculo cualquier situación que pueda provocar los síntomas de la lista anterior:

Ciertas estaciones del año

Conversaciones

Eventos especiales/aniversarios

Festividades

Lugares

Olores

Películas/visuales

Sonidos/canciones

Temas difíciles de tratar

Toques/gestos

Gálatas 5:17 nos dice: "Porque el deseo de la carne es contra el Espíritu, y el del Espíritu es contra la carne, pues éstos se oponen el uno al otro, de manera que no podéis hacer lo que deseáis". Gálatas 6:7-8 además explica: "No os dejéis engañar, de Dios nadie se burla; pues todo lo que el hombre siembra, eso también segará. Porque el que siembra para su propia carne, de la carne segará corrupción, pero el que siembra para el Espíritu, del Espíritu segará vida

Por tanto, de la manera que recibisteis a Cristo Jesús el Señor, así andad en Él; firmemente arraigados y edificados en Él y confirmados en vuestra fe, tal como fuisteis instruidos, rebosando de gratitud. Mirad que nadie os haga cautivos por medio de su filosofía y vanas sutilezas, según la tradición de los hombres, conforme a los principios elementales del mundo y no según Cristo. Porque toda la plenitud de la Deidad reside corporalmente en Él, y habéis sido hechos completos en Él, que es la cabeza sobre todo poder y autoridad.

Colosenses 2:6–10

eterna". Es esencial que reconozcamos la guerra que existe entre el Espíritu y nuestra carne. Como el árbol recibe su alimento de la tierra y del agua que lo rodea, así también nosotros recibimos alimento de lo que nos rodea, ya sea la verdad de la Palabra de Dios a través del Espíritu, o las mentiras del enemigo y los deseos de la carne.

Esta analogía del árbol nos demuestra por qué es bueno hacernos un inventario o examen espiritual, y responder a la pregunta: "¿Qué hay en mi pasado, ya sea experiencias o relaciones, que han producido en mí una imagen falsa de Dios o me han hecho creer a las mentiras?". Sólo debemos permitir que lo que Dios dice acerca de nosotros en Su Palabra nos defina. Ni las experiencias pasadas ni el enemigo pueden determinar nuestro verdadero valor e importancia.

Y el Señor te guiará continuamente, saciará tu deseo en los lugares áridos y dará vigor a tus huesos; serás como huerto regado y como manantial cuyas aguas nunca faltan.
Isaías 58:11

Lo que define nuestro valor e importancia se encuentra en las respuestas a las siguientes preguntas:

- ¿Cuál es mi opinión de Dios?
- ¿Cuál es mi relación con Dios?
- ¿Qué verdad creo yo acerca de Dios?
- ¿Confiaré en Dios?
- ¿Qué dice Dios sobre quién soy yo?

Considerando las respuestas a las preguntas anteriores, toma algunos minutos para hacerte las siguientes preguntas y considera qué es lo que tú crees realmente.

1. ¿Crees que Dios existe? "Y sin fe es imposible agradar a Dios; porque es necesario que el que se acerca a Dios crea que Él existe, y que es remunerador de los que le buscan" (Hebreos 11:6).

2. ¿Crees que Dios es todopoderoso? "Dios es exaltado en su poder, ¿quién es maestro como Él? ¿Quién le ha señalado su camino, y quién le ha dicho: 'Has hecho mal'? Recuerda que debes ensalzar su obra, la cual han cantado los hombres. Todos los hombres la han visto; el hombre desde lejos la contempla" (Job 36:22-25).

3. ¿Crees que Dios es bueno? "Clemente y compasivo es el Señor, lento para la ira y grande en misericordia. El Señor es bueno para con todos, y su compasión, sobre todas sus obras" (Salmos 145:8-9).

4. ¿Crees que Dios te ama incondicionalmente? "Nadie tiene un amor mayor que éste: que uno dé su vida por sus amigos" (Juan 15:13).

5. ¿Crees que Dios nos ha prometido que Él hará que todas las cosas cooperen para bien? "Y sabemos que para los que aman a Dios todas las cosas cooperan para bien, esto es, para los que son llamados conforme a su propósito" (Romanos 8:28).

6. ¿Crees que Dios nos creó con propósito y sentido? "Porque yo sé los planes que tengo para vosotros", —declara el Señor— "planes de bienestar y no de calamidad, para daros un futuro y una esperanza. Me invocaréis, y vendréis a rogarme, y yo os escucharé. Me buscaréis y me encontraréis, cuando me busquéis de todo corazón" (Jeremías 29:11-13).

7. ¿Crees que debemos tomar la decisión de buscarlo? "Al cielo y a la tierra pongo hoy como testigos contra vosotros de que he puesto ante ti la vida y la muerte, la bendición y la maldición. Escoge,

pues, la vida para que vivas, tú y tu descendencia, amando al Señor tu Dios, escuchando su voz y allegándote a Él; porque eso es tu vida y la largura de tus días, para que habites en la tierra que el Señor juró dar a tus padres Abraham, Isaac y Jacob" (Deuteronomio 30:19-20).

8. ¿Crees que somos salvos al arrepentirnos? "Si confesamos nuestros pecados, Él es fiel y justo para perdonarnos los pecados y para limpiarnos de toda maldad" (1 Juan 1:9).

La raíz de los justos da fruto.
Proverbios 12:12

Nuestra meta no es simplemente cambiar el comportamiento que ven los otros para vernos bien ante los ojos de los demás, sino dejar que el Espíritu nos cambie de adentro hacia afuera. Cuando intentamos ignorar o deshacernos del mal fruto que se produce en nuestras vidas, no estamos dando con la raíz del problema: la mentira escondida. Rara vez o nunca, la modificación del comportamiento produce resultados duraderos. La sanidad interior auténtica debe hacerse desde la raíz.

No obstante, recuerda, Dios es gentil y amoroso. Él no arranca estas cosas de nuestras vidas porque nos quiere causar daño, sino que Él destapa con mucho cuidado las raíces malas, recortando las áreas muertas y vertiendo el agua viva de Su palabra para nutrirnos. Podemos confiar en Él para remover las raíces dañadas y darnos vida nueva y fruto duradero cuando nos nutrimos de Su Palabra.

DÍA 4: ¿QUIERES SER SANO?

Antes de que podamos tener sanidad interior, tenemos que hacernos una pregunta importante: "¿Deseo ser sano?".

La decisión de ser sanado es una elección que nosotros tenemos que tomar, ya que Dios nunca nos sanará a la fuerza. Tenemos que reconocer la verdad acerca de nosotros y acerca de Dios para que Jesucristo pueda tocar y transformar nuestras vidas.

Jeremías 42:6 revela la actitud necesaria cuando leemos la Escritura: "Sea buena o mala, escucharemos la voz del Señor nuestro Dios a quien te enviamos, para que nos vaya bien cuando escuchemos la voz del Señor nuestro Dios". ¿Ciertamente deseas ser sanado? ¿Obedecerás a la voz del Señor aun si es desagradable o te hace sentir incómodo? Tenemos que tomar la decisión de comprometernos con Él diariamente, a veces momento por momento, confiando en Él con nuestro proceso de sanidad interior.

Escudríñame, oh Dios, y conoce mi corazón; pruébame y conoce mis inquietudes. Y ve si hay en mí camino malo y guíame en el camino eterno.
Salmo 139:23–24

Para facilitar la sanidad, es esencial que hagamos el hábito de tomar un tiempo a solas con el Señor. Una relación con cualquier persona involucra un compromiso de tiempo y comunicación, y sucede lo mismo en nuestra relación con Jesús. A medida que le rendimos a Él nuestra vida, Él nos dará Su Espíritu para guiarnos y dirigir nuestro camino.

No obstante, tener un tiempo a solas con Dios no se trata de cuánto tiempo leamos u oramos; se trata de cuánto le buscamos y cómo respondemos a Él. Que nunca abramos la Biblia sin orar u orar sin buscar al Señor con todo nuestro corazón, mente y alma. A medida que buscamos de Él y nos aferramos a Sus promesas, encontramos que Él es fiel para terminar la obra que comenzó en nuestras vidas, sanando nuestros corazones y guiándonos hacia la victoria, y todo para Su gloria.

Me buscaréis y me encontraréis, cuando me busquéis de todo corazón.
Jeremias 29:13

Para desarrollar un tiempo a solas con el Señor, busca un lugar en donde puedas estar cada día con Él y Su Palabra. Pídele al Espíritu Santo que se revele mientras lees las Escrituras, siempre teniendo en mente las siguientes preguntas:

¿Qué aprendo en este pasaje sobre...?

- ¿Dios/Jesús/el Espíritu Santo?

- ¿Las mentiras de Satanás?

- ¿Mi situación?

- ¿Mí mismo/mis creencias?

- ¿La verdad de la Palabra de Dios?

¿Existe...?

- ¿Algún mandato o ejemplo que seguir?

- ¿Alguna identidad falsa que necesito confesar?

- ¿Alguna mentira que hay que reemplazar con la verdad de Dios?

- ¿Algo de lo cual necesito arrepentirme?

- ¿Algún pecado o juicio que pueda evitar?

- ¿Algo que necesito entregarle a Dios?

Cuando tomamos el tiempo para esperar en el Señor, Él escucha nuestra oración y suple nuestras necedades: "Al Señor esperé pacientemente, y Él se inclinó a mí y oyó mi clamor. Me sacó del hoyo de la destrucción, del lodo cenagoso; asentó mis pies sobre una roca y afirmó mis pasos. Puso en mi boca un cántico nuevo, un canto de alabanza a nuestro Dios; muchos verán esto, y temerán, y confiarán en el Señor" (Salmos 40:1-3).

1. ¿Con qué frecuencia buscas al Señor en oración y Su Palabra? ¿Qué prácticas puedes comenzar a hacer para que esto se haga un hábito en tu vida (por ejemplo, levantarte más temprano, buscar un lugar para estar a solas, poner una alarma, etc.)?

2. ¿Qué beneficios crees que puedes ganar al pasar tiempo a solas con el Señor todos los días?

DÍA 5: VER A JESÚS EN LOS NOMBRES DE DIOS

Hay una gran diferencia entre saber *acerca* de una persona y conocerla íntimamente. El solo hecho de saber el nombre de una persona no significa que podemos confiar en esa persona. Miremos una pareja casada por ejemplo. Si sólo sabemos *acerca* de nuestro cónyuge no tendremos una relación auténtica. Pero a medida que vamos conociendo su carácter y aprendiendo lo que le complace, la relación matrimonial crecerá y será cada vez más fuerte. Lo mismo sucede con Jesús. Entre más conozcamos de Él y Su carácter, más abierta y honestamente podemos responderle y confiarle nuestras vidas.

Confía en el Señor con todo tu corazón, y no te apoyes en tu propio entendimiento. Reconócele en todos tus caminos, Y Él enderezará tus sendas

Proverbios 3:5–6

¿Cómo llegamos a conocer el carácter de Cristo? Dios lo revela a través de Sus nombres escritos en las Escrituras. Aquí estudiaremos varios de los diferentes nombres de Dios. En los tiempos bíblicos, el nombre de la persona lo conectaba con su linaje, profesión o un aspecto de su carácter. De la misma manera, los nombres de Dios nos proveen un rico entendimiento de Su carácter, que a la vez nos ayudan a enfrentar los problemas y dificultades en nuestras vidas.

Conocer los nombres de Dios nos da un entendimiento especial de Su persona y Sus promesas, y cómo Él se relaciona con nosotros. Por ejemplo, conocer a Dios como *Jehová-Shama*, que significa que Él está con nosotros, nos da consuelo en los momentos de soledad. Entender que Él está con nosotros no sólo nos consuela sino también nos recuerda que Él está viendo todo lo que nos pasa. También sabemos que nada se escapa de Su vista, porque otro de Sus nombres es *El-Roi*, que significa "el Dios que ve". Cuando conozcamos el verdadero carácter de Dios, confiaremos más en Él, y entre más confiamos en Él más recibiremos de Su toque sanador. Conocer a Dios a través de Sus nombres transformará nuestras vidas de una manera auténtica.

Conocer el carácter de Dios nos ayuda a contestar muchas preguntas. Por ejemplo: ¿Quién es Dios? ¿En quién puedo tener confianza? ¿Quién jamás me traicionará?

¿Quién es este Dios que puede tomar mis cenizas y las convierte en algo hermoso? ¿Quién me ve en todo momento? ¿Quién está conmigo dondequiera que vaya? ¿Quién es celoso de mi afecto? ¿Quién tomó forma de hombre y vino a la tierra para llevar mi pecado y redimirme eternamente? ¿Quién es el único que puede satisfacer la sed de mi alma? Las respuestas a estas preguntas y muchas más serán reveladas a medida que conozcamos más a Dios a través de Sus nombres.

En ti pondrán su confianza los que conocen tu nombre, porque tú, oh Señor, no abandonas a los que te buscan.
Salmos 9:10

Aprender los nombres de Dios es una herramienta poderosa para combatir al enemigo. Cuando Satanás susurra sus mentiras en nuestros oídos, nos apoyamos en lo que sabemos, la verdad sobre Dios. Nos enfocamos en Su nombre, Su carácter y Sus promesas para recibir la victoria a medida que reconocemos que Dios es más grande que cualquier circunstancia que enfrentamos. Luego, al ser llenos con Su Espíritu (hablaremos más de esto en la semana 9), recibimos el poder de Dios que nos capacita para obtener la victoria por medio de la obra consumada de Jesucristo. Cuando somos tentados a ceder ante el sentimiento de que Dios no se preocupa por nosotros, ni por lo que estamos pasando, en ese momento tenemos que recordar los nombres de Dios.

El aspecto más valioso de estudiar la Biblia es conocer la verdad de quién es Dios y conocerlo de una manera íntima. Podemos tener muchas ideas equivocadas acerca de Dios, pero a medida que aprendemos de Sus nombres a través de Su Palabra, podemos estar seguros de Su carácter verdadero, Sus atributos o cualidades y también Sus promesas. Esto nos dará confianza para invocarlo en los momentos de angustia.

1. Piensa en alguien que sólo sabes *acerca* de él, y piensa en una persona que *conoces*. ¿Qué diferencia notas en tu relación con estos dos individuos?

2. ¿Cuántos nombres de Dios piensas que ya conoces? Basado en esto, ¿cuán bien conoces al Señor?

A medida que pasas tiempo con el Señor Jesucristo a través de este estudio y lo vas conociendo cada vez más, es mi oración que experimentes el carácter de Dios de una manera transformadora y conozcas Su amor como nunca antes lo has experimentado. Mientras tu esperanza es renovada y tu fe fortalecida, mi oración es que no sólo seas sanado de cualquier dolor que te perturbe, sino que también seas equipado para ayudar a otros mientras recibes de Él. Sobre todo, oro para que conozcas "el amor de Cristo que sobrepasa el conocimiento, para que seáis llenos hasta la medida de toda la plenitud de Dios. Y a aquel que es poderoso para hacer todo mucho más abundantemente de lo que pedimos o entendemos, según el poder que obra en nosotros, a Él sea la gloria en la Iglesia y en Cristo Jesús por todas las generaciones, por los siglos de los siglos. Amén" (Efesios 3:19-21).

El toque transformador que sacia nuestra sed

Jesús puesto en pie, exclamó en alta voz, diciendo: Si alguno tiene sed, que venga a mí y beba. El que cree en mí, como ha dicho la Escritura: "De lo más profundo de su ser brotarán ríos de agua viva".

Juan 7:37-38

DÍA 1: TODOS TENEMOS SED

En Gedi, en el desierto de Israel, es una región de sequedad y calor extremo localizada a unos 427 metros debajo del nivel del mar. De En Gedi uno encuentra una vista tentadora del Mar Muerto que luce muy refrescante al viajero que se encuentra con mucha sed y calor. Desafortunadamente, las apariencias engañan; y es que el Mar Muerto es una mezcla mortal que contiene treinta y dos por ciento de sal y una alta concentración de minerales como magnesio, calcio, bromuro y potasio, nada cercano al agua potable.

De la misma manera, lo que el mundo ofrece a nuestra alma parece refrescante y agradable a los ojos, hasta el momento en que lo probamos. Pero tratar de satisfacer nuestra sed espiritual con algo que no sea Jesús es buscar una solución superficial para una profunda necesidad espiritual.

Algunos creen que fue en la tierra árida y el clima hostil de En Gadi donde David escribió el Salmo 42:1–2 diciendo: "Como el ciervo anhela las corrientes de agua, así suspira por ti, oh Dios, el alma mía. Mi alma tiene sed de Dios, del Dios viviente". Aquí la palabra "sed" lleva la idea de un deseo fuerte, un anhelo intenso, para describir una condición espiritual. Qué imagen de Dios tan bella al ser comparado con el agua que satisface nuestra sed.

Todos experimentamos sed en varias maneras:

1. Sed física, por agua. Cuando el agua carece, nuestro cuerpo se deshidrata. La sed física crea en nosotros un anhelo intenso de agua, y no hay confusión acerca de qué satisface este deseo. El agua es clave para regular la temperatura corporal, y tiene muchas otras funciones en nuestro cuerpo; sin agua moriríamos.

2. Sed emocional, por amor, afecto y aprobación. Este mundo promete saciar nuestro anhelo de amor, afecto y aprobación, pero sus promesas siempre están lejos de una satisfacción duradera. Muchas veces, las personas buscan cosas u otras personas para satisfacer su sed emocional. No obstante, hasta que la raíz de su problema no sea desarraigada, sus deseos siguen sin satisfacción.

3. Sed espiritual, por adoración. Todos adoramos algo; de hecho fuimos creados por esta razón. Si no tenemos una relación con Jesucristo, trataremos de satisfacer nuestra sed espiritual con cosas físicas. En el pasado, la gente adoraba ídolos hechos de piedra y metal. Hoy en día, la gente sigue adorando ídolos, pero en otras formas. Por ejemplo, el dinero y las posesiones materiales se pueden convertir

en ídolos muy pronto si les damos el lugar que le pertenece a Dios. En lugar de poner a Dios primero, terminamos sirviendo al dinero y las cosas materiales; ellos se convierten en nuestras metas, y a su vez, terminan controlándonos. Cristo nos advirtió de esto en Mateo 6:24: "Nadie puede servir a dos señores, pues menospreciará a uno y amará al otro, o querrá mucho a uno y despreciará al otro. No se puede servir a la vez a Dios y a las riquezas" (NVI).

Es seguro confiar en Él para satisfacer los deseos que Él creó.

Amy Carmichael

La gente busca muchas cosas para tratar de satisfacer su sed espiritual. El placer, el sexo, la obsesión con no envejecer, el entretenimiento, el prestigio social, la popularidad, la apariencia física, los hijos o el cónyuge, el poder, la carrera y las posesiones. Aun los seres queridos fallecidos pueden llegar a ser una pasión dominante en la vida de las personas. La mayoría de estas cosas no son malas en sí, pero se convierten en pecado si dejamos que ellas nos gobiernen. Sin freno, el deseo de cosas nos lleva a celo, amargura y toda cosa mala (ver Hebreos 12:15; Santiago 3:14-16). Según la Palabra de Dios, nosotros hemos nacido con un vacío en nuestro corazón que sólo puede llenar Jesucristo (ver Eclesiastés 3:11; Romanos 8:20-21).

Tal vez has estado corriendo de aquí para allá, buscando algo que te llene, que satisfaga tu sed espiritual. Quizá has probado de todo para traer paz, alegría, perdón y sentido de pertenencia a tu vida. Jesús dijo: "Todo el que beba de esta agua volverá a tener sed" (Juan 4:13). Pero Jesús, el agua viva, vendrá a tu corazón y saciará tu sed. ¡Tan solo tienes que creer en Él y pedir!

Ser honesto con Dios es vital para dar con la raíz de nuestros problemas. Él ya sabe todo sobre nosotros, pero está esperando a que le busquemos para ser sanados. No fuimos creados para este mundo sino para pasar la eternidad con Dios. Nuestros problemas surgen cuando tratamos de llenar nuestras vidas con las cosas temporales de este mundo. Pero el único que verdaderamente puede satisfacernos es Jesucristo.

Sólo una vida, pronto pasará. Sólo lo que se hace para Cristo durará.

C. T. Studd

Fui criada en el seno de una familia con buenos principios morales. Sin embargo, no asistíamos a ninguna iglesia, ni nos enseñaron la Palabra de Dios. Yo era la menor de tres hermanos, y me dieron mucha libertad. Podía tener las cosas materiales que quisiera, pero muy pronto descubrí que la mucha libertad con las cosas materiales en adición al vacío espiritual son la receta segura para el fracaso. Malgasté mucho tiempo buscando cosas que yo pensaba me traerían la felicidad. Pero entre más trataba de satisfacer esa sed espiritual con las cosas temporales más vacía me sentía.

No fue hasta que entregué mi vida a Cristo y dejé que Él me llenara con su Espíritu Santo, que llegue a experimentar la satisfacción de tener un alma saciada. Dios no sólo me creó, sino también sustenta y *satisface* los deseos de mi corazón.

Esta semana, mientras Jesucristo te hace una invitación, es importante que entiendas que *Su llamado no depende de quién eres, ni qué has hecho ni qué te han hecho las demás personas. Más bien, Él te llama solamente porque Él te creó y te ama con un amor eterno e incondicional.* Dios sabe todo de ti, tu pasado y tu situación actual. Dios sabe cómo te sientes y sabe que tienes heridas que necesitan ser sanadas. Sin embargo, a medida que le permitas que te toque y transforme, Él sanará tus heridas y llenará el vacío de tu corazón.

1. Haz una lista de las cosas que has usado en el pasado para tratar de satisfacer tu sed emocional o espiritual.

2. Quizá en este momento estás tratando de satisfacer tu sed emocional o espiritual con cosas materiales. Ora y pídele al Señor que te revele estas cosas y que Su Espíritu te hable al corazón y te ayude a rendirle a Él todas estas cosas. Mientras le confiesas todas estas cosas a Dios y le pides que te llene con Su Espíritu, tu espíritu será refrescado.

Por tanto, arrepentíos y convertíos, para que vuestros pecados sean borrados, a fin de que tiempos de refrigerio vengan de la presencia del Señor.

Hechos 3:19

DÍA 2: SED ESPIRITUAL

Tenemos sed espiritual porque fuimos creados para encontrar esta satisfacción solamente en Dios, tanto en la vida terrenal como en la eternidad. Las cosas de este mundo constantemente están tratando de alejarnos de Dios, tentándonos a vivir para los placeres de esta vida, e ignorar nuestra necesidad espiritual. La buena noticia es que Jesucristo nos está llamando a venir a Él para satisfacer los deseos de nuestras almas. La mala noticia es que si no aceptamos la obra consumada de Jesús en la cruz seremos separados eternamente de Dios (ver Isaías 59:1-2). Jesús dijo en Juan 14:6: "Yo soy el camino, y la verdad, y la vida; nadie viene al Padre sino por mí".

La realidad de la eternidad con Cristo en el cielo y la realidad de la eternidad sin Cristo en el infierno se encuentran en Lucas 16:19-31. En estos versículos vemos a dos hombres: uno extremadamente rico y el otro, Lázaro, extremadamente pobre. El rico, quien vivió una vida de lujo con todas sus necesidades suplidas, estaba confiado en su posición en la vida y no le importaba los problemas de Lázaro. No le mostró compasión, ni misericordia. Lázaro, por otro lado, sufría mucha necesidad física y era reducido a vivir en la calle a la entrada de la casa del rico, esperando las migajas de la mesa del rico. Con el paso del tiempo, ambos murieron. Lázaro llegó al cielo para estar con Dios eternamente mientras el rico pasó al infierno eternamente separado de Dios.

En esta historia, Jesús enseña que tanto el cielo como el infierno son lugares literales, reales. La Biblia es muy clara al especificar que cada persona pasará la eternidad en un lugar o el otro. Como el hombre rico, multitudes hoy en día son indiferentes en cuanto a su necesidad de Dios, porque se sienten satisfechas con las cosas de este mundo.

Nadie sabe cuándo tomará el último aliento, pero cuando este momento llegue nuestro destino eterno será sellado. No tendremos segundas oportunidades. La transición al estado eterno sucede en el momento de la muerte (ver Lucas 23:43). Cuando los creyentes mueren son trasladados inmediatamente a una comunión consciente con el Padre y el gozo del cielo, con toda sed completamente satisfecha para siempre (ver 2 Corintios 5:8; Filipenses 1:23). Cuando los inconversos mueren son trasladados inmediatamente conscientes del dolor y el sufrimiento de los tormentos del infierno, con una sed insaciable por la eternidad (ver Mateo 25:41; Judas 1:7). El rico fue eternamente separado de Dios, y no tenía ninguna esperanza de recibir consuelo por su pena, dolor y sufrimiento.

Actualmente, muchos creen en el "evangelio de la prosperidad", muy parecido al hombre rico que creyó que sus posesiones materiales eran evidencia del amor y las bendiciones de Dios. El hombre rico equivocadamente pensó que Dios había maldecido y destituido a los pobres. Pero la Biblia no enseña esto. De hecho, el apóstol Santiago nos exhorta: "Ustedes han llevado en este mundo una vida de lujo y de placer desenfrenado. Lo que han hecho es engordar para el día de la matanza (Santiago 5:5, NVI). Las riquezas no son necesariamente evidencia del favor de Dios. En realidad, las riquezas tienen el poder de separarnos de la persona de Dios. Marcos 4:19 dice que "las preocupaciones del mundo, y el engaño de las riquezas, y los deseos de las demás cosas entran y ahogan la palabra, y se vuelve estéril".

1. Lee Isaías 55:6-7, y escríbelo abajo palabra por palabra.

A. ¿Basado en este pasaje, cuándo debes buscar a Dios?

B. ¿Qué está Dios dispuesto a hacer por un corazón arrepentido?

C. ¿Cómo afecta esta verdad tu vida?

Las Escrituras nos ayudan a entender que los hijos de Dios al igual que Lázaro, a veces sufren cuando están en la tierra. De hecho, las Escrituras nos *prometen* sufrimiento. Es una de las consecuencias trágicas de vivir en un mundo caído y pecaminoso.

2. Escribe qué dijo Jesús en Juan 16:33. Aunque nos *promete* tribulación, también nos *ofrece* algo. ¿Qué es?

Dios no sólo nos creó sino que nos sostiene todos los días de nuestra vida. Hechos 17:28 nos dice que "en Él vivimos, nos movemos y existimos". Él tiene un propósito para nuestra vida, pero solo realizamos este propósito si venimos a Él con el deseo de conocerle más. Cuando hacemos esto, Dios nos ofrece una paz que sobrepasa todo entendimiento (ver Filipenses 4:7).

Dios nos ama tanto que nos da la libertad de escoger nuestro destino final. Si escogemos vivir separados de Dios aquí en la tierra, también viviremos separados de Él por la eternidad. Pero si escogemos volver a Él y confiar en Él para saciar nuestra sed, Su promesa es que estaremos con Él en el paraíso por la eternidad.

El día que nos encontremos con la muerte sólo valdrá una cosa: nuestra relación con Jesucristo; porque la vida eterna se encuentra únicamente en Él. Hoy es día de que escojamos a quién serviremos, en quién confiaremos para saciar la sed de nuestra alma. La decisión tiene consecuencias eternas.

3. Escribe aquí 1 Juan 5:11-12 y luego contesta las siguientes preguntas:

A. Basado en este pasaje ¿quién nos ha dado la vida eterna?

B. ¿Dónde se encuentra la vida eterna?

C. ¿Quién tiene vida eterna?

D. ¿Quién no tiene vida eterna?

4. ¿Tienes el mismo deseo expresado por el salmista en el Salmo 42:1?

Si aún no has entregado tu vida a Cristo, lo puedes hacer ahora mismo. Sé honesto(a) con Dios en oración. Confiesa la verdad acerca de quién eres. Entiende tu necesidad de un salvador. Cree que sólo Cristo te puede salvar de tus pecados. Arrepiéntete y pide perdón por cualquier cosa que no le complace a Jesús.

Prometer el cielo sin advertir del infierno, ofrecer perdón sin arrepentimiento, predicar el evangelio sin la cruz es un mensaje falso que ofrece esperanza falsa.

Greg Laurie

La vida eterna es un regalo. Puede ser tuyo hoy si tan solo crees en tu corazón que Jesús es el Señor y que Dios lo levantó de entre los muertos, y que Él pagó el precio por tus pecados en la cruz. Si aceptas la obra consumada de Cristo en la cruz y permites que Él entre a morar en tu vida para hacer la obra que Él quiere hacer—tocar y transformar tu vida para Su gloria—puedes tener la certeza de tener una vida eterna con Él.

Quizá ya has aceptado a Jesucristo como tu salvador personal, pero no has acudido a Él para saciar tu sed diariamente. Él te está llamando, ¿responderás?

5. Si estás haciendo este estudio con un líder, habla con él o ella acerca de tu decisión y qué significa para ti. También puedes hablar con un pastor, líder de la iglesia, o un amigo cristiano maduro en la fe. Confirma tu decisión escribiendo unas palabras de agradecimiento a Jesús aquí.

Porque por gracia habéis sido salvados por medio de la fe, y esto no de vosotros, sino que es don de Dios; no por obras, para que nadie se gloríe. Porque somos hechura suya, creados en Cristo Jesús para hacer buenas obras, las cuales Dios preparó de antemano para que anduviéramos en ellas.

Efesios 2:8–10

DÍA 3: LA MUJER SAMARITANA Y UN LÍDER RELIGIOSO

Hoy, antes de comenzar, lee con actitud de oración Juan 3:1-21 y 4:1–42. El primer pasaje bíblico narra la visita que le hace Nicodemo a Jesús, y el segundo sobre el encuentro de Jesús con la mujer samaritana. Mientras lees ten en mente las siguientes preguntas:

¿Qué aprendo acerca de…?

- ¿Dios/Jesús/el Espíritu Santo?

- ¿Las mentiras de Satanás?

- ¿Mi situación?

- ¿Mí mismo/mis creencias?

- ¿La verdad de la Palabra de Dios?

¿Existe…?

- ¿Un mandato por obedecer o ejemplo para seguir?

- ¿Una identidad que necesito rechazar?

- ¿Una mentira que necesita ser reemplazada con la verdad de la Palabra de Dios?

- ¿Algo de lo cual necesito arrepentirme?

- ¿Un pecado o consecuencia que debo evitar?

- ¿Algo que necesito entregarle a Dios?

Escribe tus pensamientos abajo.

Escribe una oración al Señor en respuesta a lo que has aprendido.

Dios, en Su misericordia, nos responde sin importar la situación. A Él no le importa nuestra posición social. Jesús trató con la mujer samaritana según su necesidad. Sin embargo, en el capítulo anterior del Evangelio de Juan, vemos a Jesús interactuar con alguien más: un hombre llamado Nicodemo, orgulloso fariseo y miembro prominente del Sanedrín judío. Aquí vemos a Jesús expresar la gracia de Dios de una manera diferente.

1. Habiendo leído la historia de Nicodemo en Juan 3:1-21, escribe tus impresiones abajo.

2. Lee Santiago 4:6 y 1 Pedro 5:5. Luego escribe en tus propias palabras cómo Dios trata con el orgullo.

Delante de la destrucción va el orgullo, y delante de la caída, la altivez de espíritu.

Proverbios 16:18

Aunque vemos similitudes en las conversaciones de Jesús con Nicodemo y la mujer samaritana, también vemos un contraste en la manera que Jesús reveló Su gracia a cada uno de ellos. Ambos se dieron cuenta que estaban bajo el juicio de la ley de Dios por su naturaleza pecaminosa. No obstante, Nicodemo tenía que verse a sí mismo como un pecador, para entender su necesidad de la gracia. Mientras, la mujer samaritana ya sabía que era pecadora, mas necesitaba saber que ella era una persona de valor ante los ojos de Dios. Ambos necesitaban de la gracia de Dios. No importa si somos más como Nicodemo o como la mujer samaritana, cuando entendemos que nunca podemos llegar a la medida de la ley de Dios, Su gracia llega a ser algo valioso para nosotros.

3. ¿Cuáles verdades nuevas descubriste en estas dos historias?

4. ¿Cuál personaje describe mejor tu vida: Nicodemo o la mujer samaritana? ¿Por qué?

5. Lee Romanos 5:8. ¿Cuándo murió Cristo por ti?

Dios tiene que hacer todo por nosotros. Nuestra parte es ceder y confiar.

A. W. Tozer

6. Lee Juan 3:3-6. ¿Qué significa nacer de nuevo?

Porque de tal manera amó Dios al mundo, que dio a su Hijo unigénito, para que todo aquel que cree en Él, no se pierda, mas tenga vida eterna. Porque Dios no envió a su Hijo al mundo para juzgar al mundo, sino para que el mundo sea salvo por Él.

Juan 3:16–17

DÍA 4: LA FUENTE DE AGUA VIVA

Ayer leímos sobre la conversación de Jesús con la mujer samaritana. Los samaritanos eran un grupo de personas que los judíos odiaban. Los despreciaban como paganos. La mujer samaritana también fue rechazada por su propia gente, los mismos samaritanos. Probablemente es por eso que ella vino en plena luz del día, sola, a buscar agua. En los tiempos bíblicos, el momento de sacar agua era un momento social en la vida de una mujer. Pero esta mujer fue excluida, señalada como una mujer inmoral, ya que no estaba casada pero estaba en su sexta relación. Su vida era un retrato perfecto de una persona tratando de saciar su sed espiritual y emocional con cosas que no pueden traer satisfacción.

La historia de la mujer samaritana nos enseña que

Dios decide darnos valor a pesar de que nuestras vidas están en bancarrota espiritual. Dios conoce nuestras deficiencias. Pero a pesar de esto, Él nos dignifica buscándonos para tener una relación con Él. Seguramente esta mujer, quien fue rechazada por su propia gente—sola, abandonada, sin dignidad—entendió la importancia de ser buscada y cuidada cuando nadie, ni ella misma veía valor en ella. ¡Qué retrato tan hermoso de la gracia de Dios!

Jesús es omnisciente, significa que Él sabe todas las cosas, aun las que son vergonzosas, las cosas que no queremos admitir, las cosas que tratamos de esconder. Cuando vemos a Dios y nos damos cuenta que Él sabe todas las cosas y aun así quiere tener una relación con nosotros, nos lleva al arrepentimiento. Despierta en nosotros un deseo de dejar atrás nuestra vida sin Él y aceptar Su invitación con los brazos abiertos. "Y no hay cosa creada oculta a su vista, sino que todas las cosas están al descubierto y desnudas ante los ojos de aquel a quien tenemos que dar cuenta" (Hebreos 4:13).

1. Según Juan 4:28-29, ¿cuál fue el resultado del encuentro de la mujer samaritana con Jesús?

2. La mujer samaritana vino al pozo a buscar agua natural pero encontró agua viva. Con su sed espiritual saciada, su vida fue transformada de tal

manera que no tuvo opción sino decirle a todos acerca de Jesús e invitarles a venir a verle. Jesús usó el agua natural como una metáfora para el agua espiritual, es decir el agua que sólo se encuentra en Él, a través de Su Espíritu Santo. ¿Qué le dijo Jesús a la mujer samaritana en Juan 4:13-14?

El plan de Satanás para tu vida promete muchos placeres, pero él solo puede brindar dolor, mientras te guía por el sendero de la muerte y destrucción. El plan de Jesús promete dolor por un tiempo, pero también nos brinda placer mientras nos guía por el sendero de la vida eterna.

3. El encuentro que Jesús tuvo con esta mujer marginada, demuestra que todos, sin importar su crianza, estado social, género, educación, o nivel de popularidad, son igualmente valiosos ante los ojos de Dios. ¿Cómo describe el apóstol Pedro a un pecador arrepentido que viene a Jesús en 1 Pedro 2:9-10?

Solamente temed al Señor y servidle en verdad con todo vuestro corazón; pues habéis visto cuán grandes cosas ha hecho por vosotros.

1 Samuel 12:24

4. Escribe el Salmo 63:1-5 aquí, y haz de este versículo una oración.

> *Pero la hora viene, y ahora es, cuando los verdaderos adoradores adorarán al Padre en espíritu y en verdad; porque ciertamente a los tales el Padre busca que le adoren. Dios es espíritu y los que le adoran deben adorarle en espíritu y en verdad.*
>
> **Juan 4:23–24**

DÍA 5: LOS NOMBRES DE DIOS

Como vimos en la primera semana, no es suficiente saber acerca de una persona si quieres tener una relación profunda con este individuo; tenemos que conocer a la persona. Es lo mismo con Dios. Si queremos tener una relación con Él, tenemos que darnos a la tarea de conocerlo. Una manera de hacer eso es aprender Sus nombres revelados en las Escrituras. Estos nombres revelan Su carácter y Sus atributos.

Cada nombre de Dios nos revela algún aspecto específico de Él. Hoy estudiaremos tres nombres de Dios. Cada uno de ellos nos muestra que Dios es un Dios personal, poderoso, y que Él tiene el control de todas las cosas. Estos atributos dejan claro que Dios es totalmente capaz de sustentarnos y satisfacernos. Sólo Él puede saciar nuestra sed espiritual.

ELOHÍM—DIOS NUESTRO CREADOR

Elohím es el primer nombre de Dios mencionado en las Escrituras. Lo encontramos en el primer versículo de la Biblia: "En el principio creó Dios [*Elohím*] los cielos y la tierra" (Génesis 1:1, nota de la autora). Dios, el Creador, nos hizo a cada uno con un propósito. Él es el único que nos creó y que sacia cada deseo y anhelo.

En el hebreo las palabras para "Dios" son: *El* (singular), *El-o* (dual), y *El-o-him* (plural). El uso de *Elohím* no es indicativo de varios dioses; más bien, es usado para enfatizar la majestad y pluralidad del único Dios verdadero. Veamos otra referencia al Dios trino en 1 Juan 5:7: "Porque tres son los que dan testimonio en el cielo: el Padre, el Verbo [Jesús] y el Espíritu Santo, y estos tres son uno" (nota aclaratoria). El uso de *Elohím* en Génesis 1:1 nos revela que las tres personas de Dios—Dios, el padre; Dios, el hijo; y Dios, el Espíritu Santo—estaban presente en la creación.

Esta pluralidad de Dios se menciona también en Juan 1:1-4, que nos da una perspectiva específica de Jesús, la segunda persona de la Trinidad: "En el principio existía el Verbo, y el Verbo estaba con Dios, y el Verbo era Dios. Él [Jesús] estaba en el principio con Dios. Todas las cosas fueron hechas por medio de Él, y sin Él nada de lo que ha sido hecho, fue hecho. En Él estaba la vida, y la vida era la luz de los hombres" (nota aclaratoria).

1. Lee ahora Juan 1:14 y contesta las siguiente preguntas.

    A. ¿Quién es el Verbo?

    B. Nunca me canso de leer el Salmo 119, que habla de los beneficios de estudiar las Escrituras. Todos los versículos de este salmo, excepto tres, tienen alguna referencia a la Palabra de Dios. Lee el Salmo 119:1-8, reemplazando todas las frases que se refieren a la Palabra de Dios, como ley, estatutos, mandamientos, preceptos, testimonios y otros, con el nombre de Jesús. (Si quieres estudiar más, puedes continuar con el resto del salmo. Es un ejercicio impactante que demuestra cómo Jesús, la Palabra, suple nuestras necesidades y sacia nuestra sed). Luego, escribe una oración de agradecimiento a Jesús. Dale las gracias por todos los beneficios que nos ofrece cuando usamos Su Palabra para aprender más de Él.

2. Según Apocalipsis 1:8, ¿quién dice ser Jesús?

Estos versículos que acabamos de leer, y otros más, nos muestran que *Elohím*, el Dios trino, estaba completamente presente y activo en la creación. También demuestran que Jesús no es un ser creado, sino que Él es Dios, el Creador.

3. En el Salmo 139:13-17 que se encuentra abajo, subraya lo que dice acerca de Jesús. Luego lee el pasaje otra vez, encerrando con un círculo lo que dice acerca de ti.

> Porque tú formaste mis entrañas; me hiciste en el seno de mi madre. Te alabaré, porque asombrosa y maravillosamente he sido hecho; maravillosas son tus obras, y mi alma lo sabe muy bien. No estaba oculto de ti mi cuerpo, cuando en secreto fui formado, y entretejido en las profundidades de la tierra. Tus ojos vieron mi embrión, y en tu libro se escribieron todos los días que me fueron dados, cuando no existía ni uno solo de ellos.
>
> ¡Cuán preciosos también son para mí, oh Dios, tus pensamientos! ¡Cuán inmensa es la suma de ellos!

4. Ahora busca la promesa relacionada con *Elohím* en Isaías 41:10, y anota lo que más te bendijo.

5. Considera el hecho de que Dios no sólo te creó sino que también piensa en ti y quiere satisfacer tus deseos más profundos. Él quiere hacer esto porque te ama con un amor incomparable y eterno. En respuesta a esto, escribe una oración de acción de gracias a Dios.

¡Su nombre es *Elohím*—Su nombre es Jesús!

EL ELYÓN—DIOS ALTÍSIMO

El nombre *El Elyón* enfatiza la trascendencia de Dios. Él es Dios Altísimo sobre cada área de la vida y sobre todo aspecto del universo. En otras palabras, Él es Dios todopoderoso, el Supremo, y por eso Él tiene el poder para sostener la vida y satisfacer cada anhelo.

El nombre *El Elyón* se encuentra por primera vez en la Biblia en Génesis 14:18 referente a Melquisedec, el rey de Salem. Dios es revelado como *El Elyón* en el libro de Daniel, en el relato de Nabucodonosor, un arrogante rey de Babilonia. Nabucodonosor estaba tan lleno de orgullo por sus propios logros que Dios lo humilló hasta el punto más bajo, haciendo que se arrastrara en el campo y comiera pasto como un animal. No fue hasta que Dios lo humilló que al fin reconoció que Dios es el Altísimo. Luego Dios restauró su sano juicio.

1. Lee el siguiente pasaje de Daniel 4:34-37, donde relata la revelación de Nabucodonosor acerca de Dios.

   Pero al fin de los días, yo, Nabucodonosor, alcé mis ojos al cielo, y recobré mi razón, y bendije al Altísimo y alabé y glorifiqué al que vive para siempre; porque su dominio es un dominio eterno, y su reino permanece de generación en generación. Y todos los habitantes de la tierra son considerados como nada, más El actúa conforme a su voluntad en el ejército del cielo y entre los habitantes de la tierra; nadie puede detener su mano, ni decirle: "¿Qué has hecho?" En ese momento recobré mi razón. Y mi majestad y mi esplendor me fueron devueltos para gloria de mi reino, y mis consejeros y mis nobles vinieron a buscarme; y fui restablecido en mi reino, y mayor grandeza me fue añadida. Ahora yo, Nabucodonosor, alabo, ensalzo y glorifico al Rey del cielo, porque sus obras son todas verdaderas y justos sus caminos; Él puede humillar a los que caminan con soberbia.

El principio de la sabiduría es el temor del Señor, y el conocimiento del Santo es inteligencia.

Proverbios 9:10

2. A veces, como Nabucodonosor, olvidamos que Dios es un Dios grande. Lee 2 Samuel 7:22 y escribe lo que dice acerca de Dios.

3. *El Elyón* significa que Él es elevado como el Dios supremo; no hay un dios más alto que Él. Lee Hechos 7:47-50, y escribe las palabras de Esteban que se encuentran en los versículos 48-50 acerca de *El Elyón*.

4. Cuando clamamos a *El Elyón*—Dios Altísimo— tenemos la confianza de que Él va a responder. ¿Qué dice el Salmo 57:2-3 en cuanto a eso?

5. Lee las promesas acerca de *El Elyón* en los siguientes versículos, y escribe lo que más te bendijo.

Salmo 91:1-2:

Salmo 91:9-11:

Porque yo sé los planes que tengo para vosotros —declara el Señor— planes de bienestar y no de calamidad, para daros un futuro y una esperanza. Me invocaréis, y vendréis a rogarme, y yo os escucharé. Me buscaréis y me encontraréis, cuando me busquéis de todo corazón. Me dejaré hallar de vosotros —declara el Señor— y restauraré vuestro bienestar y os reuniré de todas las naciones.

Jeremías 29:11–14

6. Jesús es *El Elyón*—Él es Dios sobre todas las cosas; Él es el Señor. En respuesta a Su amor eterno por ti, escribe una oración dándole las gracias.

Daré gracias al Señor conforme a su justicia, y cantaré alabanzas al nombre del Señor, el Altísimo.

Salmos 7:17

¡Su nombre es *El Elyón*—Su nombre es Jesús!

El Shadai—Dios todopoderoso, el guardián

Dios no sólo es el creador y el Dios Altísimo sino también es el Dios todopoderoso que honra su pacto con su pueblo. Hasta el tiempo de Moisés, el nombre *El Shadai* se consideraba el nombre del pacto de Dios. En otras palabras, el nombre se refiere al Dios que cumple Sus promesas. Si Dios lo dijo, se podía confiar que pasaría. Y sigue siendo verdad hasta hoy. Las promesas de Dios no son condicionales, sino que están basadas en el carácter inalterable de un Dios inmutable: "Si somos infieles, Él permanece fiel, pues no puede negarse a sí mismo" (2 Timoteo 2:13).

El libro de Génesis registra este nombre en la historia de Abram (Abraham) y Sarai (Sara). La historia comienza en Génesis 15:5-6, donde el Señor, el Dios eterno y autoexistente, se le apareció a Abram, diciendo: "Ahora mira al cielo y cuenta las estrellas, si te es posible contarlas. Y le dijo: Así será tu descendencia". Y Abram creyó en el Señor, y Él se "lo reconoció por justicia".

Pero aunque a Abram y Sarai les gustó la idea de la promesa de Dios, les faltó paciencia. Cuando el tiempo pasó y a Sarai no le nació un hijo, no creyeron que Dios podía hacer lo imposible. Así que Sarai aconsejó a Abram tomar su sirvienta y tener relaciones con ella. (Esto era una práctica común en esos días). De esta manera esperaban ver las promesas de Dios cumplidas. En otras palabras, en lugar de esperar pacientemente en el Señor, decidieron actuar en la carne e intentaron ayudar a Dios, tomando las cosas en sus propias manos. Esto terminó en desastre. Sarai se volvió celosa de Agar, y la maltrató.

Porque los que viven conforme a la carne, ponen la mente en las cosas de la carne, pero los que viven conforme al Espíritu, en las cosas del Espíritu... y los que están en la carne no pueden agradar a Dios. Sin embargo, vosotros no estáis en la carne sino en el Espíritu, si en verdad el Espíritu de Dios habita en vosotros. Pero si alguno no tiene el Espíritu de Cristo, el tal no es de Él.

Romanos 8:5, 8–9

Aunque ellos actuaron según la carne, Dios demostró Su gran misericordia y paciencia para con Abram y Sarai, dándoles otra oportunidad para confiar en Él con sus vidas y sus futuros. Génesis 17:1-4 nos dice que cuando Abram tenía noventa y nueve años, el Señor se le apareció otra vez y dijo:

> Yo soy el Dios Todopoderoso [*El Shadai*]; anda delante de mí, y sé perfecto. Y yo estableceré mi pacto contigo, y te multiplicaré en gran manera. Entonces Abram se postró sobre su rostro y Dios habló con él, diciendo: En cuanto a mí, he aquí, mi pacto es contigo, y serás padre de multitud de naciones [nota aclaratoria].

Dios siempre es fiel a Sus promesas y Él nunca necesita nuestra ayuda para cumplirlas, porque Él es *El Shadai*. Después de todo, Abram y Sarai se dieron cuenta que podían confiar en Dios y que Él siempre cumple Su palabra. De hecho, la Biblia nombra a Abraham y Sara en Hebreos 11 junto a otras personas reconocidas por su fe, no por su incredulidad. Al final de la historia, ellos escogieron esperar en Dios y creer Su promesa, confiando que Él es todopoderoso y no hay nada imposible para Él. "¿Hay algo demasiado difícil para el Señor? Volveré a ti al tiempo señalado, por este tiempo el año próximo, y Sara tendrá un hijo" (Génesis 18:14).

El nombre *El Shadai*, mencionado cuarenta y ocho veces en el Antiguo Testamento, tiene un significado secundario: "El que cuida la puerta" o "el guardián". Aunque este significado no es enseñado mucho, me lo enseñó un guía en Israel. Este guía y otro hombre que estaba con él, enfáticamente aseguran que *El Shadai* es entendido como el «guardián» o el que cuida la puerta. ¿Qué significa esto?

En Juan 10:7-9 Jesús nos dice: "Entonces Jesús les dijo de nuevo: En verdad, en verdad os digo: yo soy la puerta de las ovejas. Todos los que vinieron antes de mí son ladrones y salteadores, pero las ovejas no les hicieron caso. Yo soy la puerta; si alguno entra por mí, será salvo; y entrará y saldrá y hallará pasto". Jesús es *El Shadai*, nuestro guardián. Esto significa que Él tiene control sobre nuestras circunstancias. Nada puede entrar en nuestras vidas sin pasar por Él primero. Además, Él nos lleva a una relación cada vez más profundo usando todas las circunstancias de nuestra vida.

Cuando estés tentado a confiar en tus propias fuerzas, entendimiento o inteligencia o cuando te falte paciencia, porque las cosas no salen como tú esperas, reconoce que Dios es tu *El Shadai*. Solamente cuando permaneces en Él y en Su Palabra recibirás un descanso verdadero, porque sólo Él es suficiente para satisfacer nuestra sed espiritual. Jesús es el guardián todopoderoso, ¡Él es *El Shadai*!

1. Lee la promesa en Proverbios 18:10, y escribe qué dice de *El Shadai* en este pasaje.

Y esta confianza tenemos hacia Dios por medio de Cristo: no que seamos suficientes en nosotros mismos para pensar que cosa alguna procede de nosotros, sino que nuestra suficiencia es de Dios, el cual también nos hizo suficientes como ministros de un nuevo pacto, no de la letra, sino del Espíritu; porque la letra mata, pero el Espíritu da vida.

2 Corintios 3:4–6

¡Su nombre es *El Shadai*— Su nombre es Jesús!

Repaso de los nombres de Dios

1. Jesús es *Elohím*, nuestro Creador. Él te creó. ¿Cómo te impacta esta realidad? ¿Cómo impacta tu propósito de vida hoy?

2. Jesús es *El Elyón*, Dios Altísimo. ¿Qué aprendiste acerca de *El Elyón* que no habías entendido antes de hacer este estudio?

3. Jesús es *El Shadai*; Él es el Dios Todopoderoso, que siempre cumple Sus promesas. Él es nuestro guardián, el que cuida la puerta. Dios es fiel a Su pacto. Él es capaz de satisfacer el anhelo de tu alma. Él te cuida. ¿Hay una promesa de Dios que te parece imposible de cumplir en tu vida? ¿Por qué te parece imposible?

Y el Señor te guiará continuamente, saciará tu deseo en los lugares áridos y dará vigor a tus huesos; serás como huerto regado y como manantial cuyas aguas nunca faltan.

Isaías 58:11

¡Oh Dios! He probado tus bondades, y a la par que ellas me han satisfecho, me han dejado sediento por más. Reconozco que necesito más y más gracia. Estoy avergonzado de mi falta de interés. Oh Dios, Trino Dios, quiero tener más vivos deseos de ti; anhelo que me llenes de esos deseos; quiero que me des más sed de ti. Te ruego que me hagas ver tu gloria, para que pueda conocerte mejor. Comienza dentro de mí una nueva obra de amor. Dile a mi alma: "¡Levántate, oh amiga mía, hermosa mía, y vente conmigo!» (Cantares 2:10, V.M.). Dame la gracia necesaria para que pueda levantarme y seguir en pos de ti, elevándome por encima de esta tierra baja y nublada donde he andado errante tanto tiempo.

A. W. Tozer

4. ¿Con cuál de los ejemplos de personajes de la Biblia que vimos esta semana te identificas más: El hombre rico, Lázaro, la mujer samaritana, Nicodemo, Abram, o Sarai? Explica.

5. ¿Cómo te ayuda en tu situación actual conocer a Jesús como *Elohím*, *El Elyón*, y *El Shadai*?

Su nombre es *Elohím*—Dios nuestro Creador.

Su nombre es *El Elyón*—Dios el Altísimo.

Su nombre es *El Shadai*—Dios Todopoderoso, nuestro guardián, el que cuida la puerta.

¡Su nombre es Jesús!

EL TOQUE TRANSFORMADOR DEL AMOR DE DIOS

Yo les he dado a conocer tu nombre, y lo daré a conocer, para que el amor con que me amaste esté en ellos y yo en ellos.

Juan 17:26

DÍA 1: DIOS ES AMOR

Quizá estás buscando sanidad para un evento de tu pasado, y necesitas experimentar el amor y perdón de Dios. No puedo imaginar palabras más bellas que las de Jeremías 31:3: "Con amor eterno te he amado, por eso te he atraído con misericordia". Es muy fácil olvidarnos del verdadero carácter de Dios, sobre todo cuando las circunstancias parecen no concordar con las ideas que tenemos de Dios, o cuando nos sentimos abrumados por el sentido de culpa por nuestros pecados. Pero, en estos momentos, tenemos que regresar a la verdad. La Palabra de Dios es verdad, y nos dice que el amor de Dios para con nosotros es una realidad.

Desafortunadamente, la gente tiene conceptos de Dios equivocados. Algunos tienen la idea que Él está esperando que se equivoquen para darles un castigo. Pero este concepto está muy lejos de la verdad. Jesús tomó el castigo, el dolor y la condena, y sufrió en mi lugar. Él tomó la carga de mis pecados. En Juan 15:13 Jesús nos dice: "Nadie tiene un amor mayor que éste: que uno dé su vida por sus amigos".

Esto es un amor que jamás podemos entender plenamente, porque sólo Dios puede amar de tal manera.

El español tiene dos palabras para el concepto de amor: amar y querer. Pero en el griego hay cuatro palabras. Las primeras tres son: *eros*, que conlleva la idea del amor sexual; *phileo*, que se refiere a un amor entre amigos; y *storgae*, el amor de un padre hacia su hijo. Estos tres tienen su motivación en el egoísmo. En otras palabras, yo te *eros* sólo si me atraes físicamente. Yo te *phileo* si eres mi amigo. Yo te *storgae* si eres mi hijo.

La cuarta palabra para amor en el griego es *ágape*. El *ágape* es un amor incondicional, el amor de Dios para sus hijos. Sólo Dios es capaz de amar de esta manera. Él es la fuente de *ágape*, y Él desea llenar nuestras vidas para que podamos "conocer el amor de Cristo que sobrepasa el conocimiento, para que seáis llenos hasta la medida de toda la plenitud de Dios" (Efesios 3:19).

En el libro de Oseas, leemos la increíble historia de un profeta a quien Dios ordenó casarse con una prostituta. En esta historia el profeta Oseas representa a Jesús como el fiel y obediente siervo de Dios. Gomer, la prostituta, representa a Israel. Como creyentes, hemos sido injertados a Israel (ver Romanos 11:16-24).

Oseas fue obediente a Dios y tomó a Gomer como su esposa. Por razones que no sabemos, Gomer dejó a Oseas y regresó a su antigua vida de prostitución. Con el corazón hecho pedazos, Oseas cría a sus hijos como padre soltero. Después de un tiempo, Dios mandó a Oseas a buscar a Gomer y tomarla como esposa otra vez. Oseas encontró a su esposa prostituta y la trajo de vuelta a casa. Oseas amó a su esposa y la cuidó como si nunca se hubiese ido.

Esta historia ilustra el amor incondicional que Dios tiene para Su pueblo, amor *ágape*. Como Gomer, el pueblo de Dios puede darle la espalda al Señor y ser infiel a su compromiso con Él. Aquellos que son indiferentes al amor de Dios viven sus vidas sin pensar en Él. No honran a Dios con sus vidas. A pesar de eso, nuestro Dios misericordioso y amoroso nos llama a regresar a Él con esta promesa hermosa: "Yo sanaré su apostasía, los amaré generosamente" (Oseas 14:4).

Este amor y perdón no es merecido sino recibido meramente por la gracia de Dios. El amor de Dios se extiende más allá de los límites de nuestra humanidad pecaminosa. A pesar de nuestras fallas e infidelidades, Él desea restaurarnos a una buena relación con Él. Dios no nos manda a ser perfectos; sólo nos invita a responder a su amor. "He disipado como una densa nube tus transgresiones, y como espesa niebla tus pecados. Vuélvete a mí, porque yo te he redimido" (Isaías 44:22).

1. De la misma manera que Oseas recibió una prostituta como esposa y se comprometió a amarla, Cristo te ama y te acepta como una novia. Lee Efesios 2:4-7, luego escribe cómo este pasaje se relaciona con tu vida.

2. Cuando Jesús vino al mundo en forma de hombre (ver Juan 1:14), Él no vino a condenarte, sino a salvarte. Él te conoce y te ama de una forma muy personal. Él hubiera muerto por ti aunque fueras la única persona que necesitaba ser salvada. Él sabe lo peor de ti y aún así te ama más que cualquier otra persona. Juan 3:16 está escrito abajo con un espacio. Llena el espacio con tu nombre para que te digas a ti mismo: "Él vino a morir por mí".

> Porque de tal manera amó Dios a _____, que dio a su Hijo unigénito, para que *todo aquel* que cree en Él, no se pierda, mas tenga vida eterna.

3. Las fortalezas más grandes del enemigo en nuestras vidas provienen de no entender el amor de Dios por nosotros. Lee Juan 15:13-15 y escribe cómo este pasaje habla a tu corazón acerca del amor de Dios.

Cuando entendemos el amor eterno, infinito y sacrificial de Dios, nos damos cuenta de que todo lo que Él hace es para nuestro beneficio eterno. En lugar de desear castigarnos, Dios quiere atraernos hacia Él para derramar Su amor en nosotros.

4. Lee y comenta sobre 1 Juan 4:9-10.

A. ¿Qué te ha revelado Dios hoy acerca de Su amor por ti?

B. No hay duda de que Dios te ama con un amor incondicional. La pregunta es: ¿Amas tú a Dios? Explica tu respuesta.

5. ¿Qué evidencia hay en tu vida que demuestra que has aceptado el amor de Dios que se menciona en 2 Juan 6?

Como el Padre me ha amado, así también yo os he amado; permaneced en mi amor.

Juan 15:9

6. ¿Qué nos dice Jesús en Juan 14:15?

DÍA 2: LA CAÍDA DEL HOMBRE Y EL AMOR DE DIOS

Antes de comenzar el estudio de hoy, quiero que leas Génesis 3 con una actitud de oración. Este pasaje cuenta la historia de la caída de Adán y Eva, y la respuesta de Dios a ellos.

Dios creó la humanidad para tener una comunión perfecta con Él. Sin embargo, cuando el pecado entró al huerto por medio de la serpiente (ver Ezequiel 28:13-17), Eva fue engañada, y ella convenció a Adán de tomar también de lo único prohibido del huerto: el árbol del conocimiento del bien y del mal. Satanás buscó intencionalmente engañar a la mujer y no al hombre; ella era más vulnerable que el hombre, debido a que no recibió el mandato de no comer del árbol directamente de Dios como Adán (ver Génesis 2:16). Esto muestra la importancia de oír personalmente de Dios y probar su voz según las Escrituras.

Entonces el Señor Dios tomó al hombre y lo puso en el huerto del Edén, para que lo cultivara y lo cuidara. Y ordenó el Señor Dios al hombre, diciendo: De todo árbol del huerto podrás comer, pero del árbol del conocimiento del bien y del mal no comerás, porque el día que de él comas, ciertamente morirás.

Génesis 2:15–17

Desde el principio, Satanás ha estado tratando de socavar la Palabra verdadera de Dios. El método más efectivo que el enemigo usa para engañarnos es hacernos cuestionar la Palabra de Dios. Satanás estratégicamente entró en una conversación con Eva y plantó la semilla de la duda en ella y Adán. Satanás le mostró una idea incompleta del amor de Dios. Cuando tenemos las raíces débiles, como vimos en la primera semana del estudio, fácilmente podemos ser engañados y apartados de la verdad. Por esto estamos advertidos a nunca darle oportunidad al diablo (ver Efesios 4:27) y que seamos arraigados y cimentados en el amor de Dios (ver Efesios 3:17).

Eva fue engañada, pero Adán pecó con los ojos abiertos, o sea, pecó en rebelión abierta contra Dios. Sin embargo, ambos pecaron, y este pecado rompió su relación con Dios. Enseguida se dieron cuenta que estaban desnudos y trataron de cubrir su desnudez con hojas de higuera. Además, dieron excusas por su pecado (ver Génesis 3:9-13). El intento de echar la culpa a otra persona es parte de nuestra naturaleza pecaminosa. El dar excusas por nuestros pecados nunca arregla las cosas con el Dios santo. Tampoco podemos, en nuestras fuerzas, tapar nuestro pecado. Nuestras obras nunca serán suficientes para quitar nuestra culpa y pesar.

Para vestir a Adán y Eva era necesario un sacrificio: un animal tenía que morir. Hebreos 9:22 nos dice que "sin derramamiento de sangre no hay perdón". Cuando Dios vistió a Adán y Eva con piel de animal, Él les proveyó de algo que los cubrió a través de un sacrificio. Este acto de misericordia fue un símbolo del sacrificio perfecto de Jesús. El sacrificio de Jesús no solo cubrió nuestro pecado, sino que quitó para siempre el pecado del mundo (ver Juan 1:29).

Nosotros, al igual que Adán y Eva, no escogemos el método de cubrir nuestro pecado; nuestra única decisión es recibir la cobertura o propiciación de Dios. El erudito bíblico griego-americano Spiros Zodhiates define la propiciación de esta manera:

La tapa del arca del pacto estaba hecha de oro puro. Sobre esta tapa, el sumo sacerdote regaba la sangre expiatoria [el que se hace para purificación] de los sacrificios del día de la expiación [un día al año del calendario judío que era dedicado a los sacrificios por los pecados del pueblo]. [Allí es] donde el Señor prometió encontrarse con Su pueblo (Éxodo 25:7, 22; Levítico 16:2, 14-15). Pablo aplica este nombre a Cristo en Romanos 3:25, asegurándonos que Cristo es la verdadera propiciación. Él es la realidad que tipificaba la tapa del arca del pacto (Hebreos 9:5). Así que el propiciatorio significa un lugar de conciliación, de expiación, lo que los antiguos llamaban . . . el altar o lugar de sacrificio. Jesucristo es designado . . . no solo como el lugar donde el pecador deposita su pecado, sino que también Él mismo es la expiación. Él no es como el sumo sacerdote del Antiguo Testamento cuya expiación del pueblo se hacía con sangre que no era suya. (Hebreos 9:25).[1]

Sobre todo, sed fervientes en vuestro amor los unos por los otros, pues el amor cubre multitud de pecados.

1 Pedro 4:8

El propiciatorio se refiere a Jesucristo y es equivalente al trono de la gracia. La idea es que Dios mismo, por Su gran amor para con los pecadores, proveyó una manera por la cual Su ira sería aplacada. Jesucristo derramó Su sangre y se convirtió en el camino que lleva los pecadores a Dios Padre.

Este es el amor *ágape* de Dios, ¡un amor como ningún otro!

Es insensato tratar de cubrir nuestra desnudez o pecado (ver Gálatas 3:27). La exhortación de Jesús en Apocalipsis 16:15 es para nosotros: "He aquí, vengo como ladrón. Bienaventurado el que vela y guarda sus ropas, no sea que ande desnudo y vean su vergüenza".

Por su pecado, Adán y Eva sufrieron consecuencias, pero estas consecuencias no cambiaron el amor de Dios. El pecado trajo la muerte a toda la humanidad, pero, por Su gran amor, Jesucristo sufrió la muerte en nuestro lugar para salvarnos (ver Hebreos 2:9).

1. Busca Romanos 3:23-26, y escribe lo que dice que Dios hizo por ti.

2. ¿Cómo mostró Jesús Su amor por ti según 1 Pedro 2:24-25?

En esto se manifestó el amor de Dios en nosotros: en que Dios ha enviado a su Hijo unigénito al mundo para que vivamos por medio de Él. En esto consiste el amor: no en que nosotros hayamos amado a Dios, sino en que Él nos amó a nosotros y envió a su Hijo como propiciación por nuestros pecados.

1 Juan 4:9–10

Conozcamos al Señor; vayamos tras su conocimiento. Tan cierto como que sale el sol, él habrá de manifestarse; vendrá a nosotros como la lluvia de invierno, como la lluvia de primavera que riega la tierra.

Oseas 6:3, NVI

3. ¿Qué hizo Dios por ti según Efesios 2:13?

4. Ahora detente por un minuto y reflexiona sobre lo profundo que es al amor de Dios para ti. Responde al Señor escribiendo una oración abajo dándole gracias por Su amor eterno e infinito.

DÍA 3: EL PECADO DE DAVID

Cuando era un niño cuidando las ovejas de su padre, David fue ungido por Dios. A los treinta y siete años, llegó a ser rey de Israel. Dios se refiere a David como "un hombre conforme a mi corazón" (ver Hechos 13:22) por el amor tan grande que David tenía para con el Señor. A lo largo de su vida, la mano de Dios siempre estaba con David. Eso se ve en 2 Samuel 8:6, que nos dice: "Y el Señor ayudaba a David dondequiera que iba". Dios trajo paz al imperio y prosperidad al pueblo durante el reinado de David. Pero cuando todo iba bien, comenzaron los problemas. Toma un tiempo leyendo 2 Samuel 11 hasta 12:25 con una actitud de oración; lee con propósito haciéndote las siguientes preguntas:

¿Qué aprendo acerca de…?

- ¿Dios/Jesús/el Espíritu Santo?

- ¿Las mentiras de Satanás?

- ¿Mi situación?

- ¿Mí mismo/mis creencias?

- ¿La verdad de la Palabra de Dios?

¿Existe…?

- ¿Un mandato por obedecer o un ejemplo por seguir?

- ¿Una falsa identidad que necesito rechazar?

- ¿Una mentira que necesita ser reemplazada con la verdad de Dios?

- ¿Algo de lo cual necesito arrepentirme?

- ¿Algo que necesito entregarle a Dios?

Escribe abajo lo que descubriste.

Responde a Dios escribiendo una oración.

En la primavera de cada año era que los reyes salían a la guerra. Pero 2 Samuel 11 relata lo que sucedió un año cuando David decidió quedarse en Jerusalén y dejar que su ejército peleara la batalla por él. No nos dice por qué David decidió quedarse. Pero este acto lo dejó vulnerable a los deseos de la carne. Mientras David caminaba solo sobre su techo en el atardecer, vio a una mujer hermosa bañándose. David mandó a alguien para averiguar quién era ella. Le informaron a David que era Betsabé, la esposa de Urías heteo, uno de sus guerreros. Él mandó a traerla en un momento de lujuria y se acostó con ella. Después ella regresó a su casa.

La aventura amorosa de David no se quedó sin sus consecuencias. En 2 Samuel 11:5 leemos que "la mujer concibió; y envió aviso a David, diciendo: Estoy encinta". Enseguida David formó un plan para cubrir su pecado. Él mandó a traer a Urías. Pensó que si Urías pasaba unos días en casa con su esposa, esto podía proveer una explicación legítima para el embarazo de Betsabé. Pero las cosas no salieron como David esperaba. Como vimos con Adán y Eva, nuestros intentos de cubrir nuestros pecados nunca funcionan con Dios. De hecho, Números 32:23 advierte: "Tened por seguro que vuestro pecado os alcanzará".

Urías prefirió dormir en la puerta de la casa del rey con los siervos de su señor. Él dijo que no podía disfrutar las comodidades de su casa mientras sus compañeros estaban en el campo de batalla (ver 2 Samuel 11:11). Así que David mandó a Urías de regreso a la batalla con una carta para Joab, el comandante del ejército. En la carta, David instruyó a Joab a poner a Urías en el frente de la batalla y luego retirarse de él para que muriera. David se había vuelto tan insensible, por causa de su pecado, que sólo le importaba salvarse a sí mismo sin importar el costo. Joab siguió las instrucciones del rey y Urías murió. Después de un tiempo de luto, Betsabé se casó con David y dio luz a su hijo.

1. Lee Juan 8:34. ¿Qué dice Jesús acerca de la persona que comete un pecado?

A. ¿De qué manera se hace evidente este principio en las acciones de David?

El esclavo no queda en la casa para siempre; el hijo sí permanece para siempre. Así que, si el Hijo os hace libres, seréis realmente libres.

Juan 8:35–36

B. ¿De qué manera has visto el mismo principio en tu vida?

2. ¿Cuál es la advertencia que encontramos en Gálatas 6:7-8?

3. Lee Colosenses 1:13-14, y responde a las siguientes preguntas. Descubre lo que Jesús hizo por ti por su gran amor.

A. ¿De qué te ha liberado Jesús?

B. ¿A dónde te ha traslado?

C. Escribe una respuesta.

Y Dios puede hacer que toda gracia abunde para vosotros, a fin de que teniendo siempre todo lo suficiente en todas las cosas, abundéis para toda buena obra.

2 Corintios 9:8

DÍA 4: LA RESPUESTA DE DAVID AL AMOR DE DIOS

Un año después del adulterio de David, Dios todavía estaba esperando con mucha paciencia el arrepentimiento de David. Por Su gran amor para con nosotros, Dios quiere que nosotros tomemos la iniciativa de confesar nuestros pecados y buscarle en arrepentimiento. Pero si no lo hacemos, Dios busca una manera de recordarnos nuestros pecados. Dios hizo esto con David cuando envió al profeta Natán a confrontarlo por su pecado.

No creo que fue fácil para Natán confrontar a David. Natán no sabía cómo el rey iba a reaccionar. David tenía el poder de matarlo. Pero Natán demuestra el amor de Dios al decirle la verdad. A Natán le importaba más obedecer a Dios que agradar al rey.

1. ¿Por qué Natán confrontó al rey por su pecado? Ver 2 Samuel 12:1 para encontrar la respuesta.

2. ¿Qué aprendes de la vida de David que se puede aplicar a tu vida sobre el efecto de tus pecados en las vidas de las demás personas?

3. ¿Cuáles son algunas maneras que la gente usa para tratar con la culpa de pecados no confesados?

El remordimiento legalista dice: "Rompí las reglas de Dios", mientras que el verdadero arrepentimiento dice: "Rompí el corazón de Dios".

Tim Keller

4. En tu vida, ¿cómo has tratado o estás intentado tratar con la culpa?

Eventualmente, David confesó su pecado y se arrepintió delante de Dios. No puso excusas sino que reconoció que lo que había hecho estuvo mal, y corrió hacia Dios buscando perdón. El arrepentimiento va más allá de sólo sentir pesar por el pecado. En el Salmo 51 David le pide a Dios: "Ten piedad de mí, oh Dios, conforme a tu misericordia; conforme a lo inmenso de tu compasión, borra mis transgresiones. Lávame por completo de mi maldad, y límpiame de mi pecado. Porque yo reconozco mis transgresiones, y mi pecado está siempre delante de mí" (Salmo 51:1-3).

5. Lee Mateo 7:3-5. Quitar la viga de tu propio ojo incluye ver las maneras en que tu pecado ha afectado a las demás personas. Responde a las siguientes preguntas.

   A. Pídele a Dios que te revele cómo tu pecado ha afectado a otras personas. Escribe lo te revele.

   B. ¿Quiénes han sido afectados por tu pecado?

C. Pídele a Dios que te perdone por las maneras en que has herido a otras personas. Ora ahora mismo y pide Su perdón. ¿Hay algo que puedes hacer para arreglar las cosas?

6. Según Romanos 2:4, ¿qué es lo que nos lleva al arrepentimiento?

7. Dios siempre está dispuesto a perdonarte. ¿Qué consuelo encontramos en 1 Juan 1:9?

El alma de David se hundió en desesperación hasta que la gracia de Dios le liberó y limpió; hasta que él recibió el perdón de Dios. Es a través de nuestros pecados más profundos que llegamos a los momentos de más angustia en nuestras vidas. Y no existe algo más devastador que estar separado de Dios (ver Isaías 59:1-2). Pero, por la sangre de Jesucristo, siempre tenemos la esperanza de restauración. No importa qué tan horrible sea nuestra situación, *hay esperanza*. El enemigo quiere convencernos que nuestro pecado es demasiado grande para recibir el perdón de Dios. Pero Jesús no vino a juzgarnos sino a salvarnos (ver Juan 3:17). David era un mentiroso, adúltero y asesino, pero él confesó su pecado, clamó a Dios y Él escuchó su oración, y respondió con gracia y misericordia. Esta es la promesa que tenemos en Hebreos 4:16: "Por tanto, acerquémonos con confianza al trono de la gracia para que recibamos misericordia, y hallemos gracia para la ayuda oportuna".

La vida de David no fue perfecta, pero su legado incluye ser parte del linaje de nuestro salvador Jesucristo. Dios concedió la petición de David: "Crea en mí, oh Dios, un corazón limpio, y renueva un espíritu recto dentro de mí" (Salmo 51:10). La reacción de Dios al pecado de David y su confesión concuerda con la Palabra de Dios. El Salmo 103:11-12 dice: "Porque como están de altos los cielos sobre la tierra, así es de grande su misericordia para los que le temen. Como está de lejos el oriente del occidente, así alejó de nosotros nuestras transgresiones". Dios también nos dice en Hebreos 8:12: "Pues tendré misericordia de sus iniquidades, y nunca más me acordaré de sus pecados". Dios siempre está dispuesto a perdonar nuestros pecados y Su perdón es completo. Él limpiará nuestro corazón y renovará nuestra alma cuando venimos a Él en humildad y confesamos nuestros pecados con un arrepentimiento verdadero. Él restaura el gozo de nuestra salvación y nos libera de la culpa de nuestros pecados.

En 1 Juan 1:8-9, el apóstol Juan resume el pecado, el arrepentimiento y el perdón de Dios de esta manera: "Si decimos que no tenemos pecado, nos engañamos a nosotros mismos y la verdad no está en nosotros. Si confesamos nuestros pecados, Él es fiel y justo para perdonarnos los pecados y para limpiarnos de toda maldad".

8. Lee el Salmo 51, que muestra la profundidad del dolor de David y su arrepentimiento por sus pecados.

A. ¿Cuáles atributos de Dios vemos en el Salmo 51:1 y los versículos 7-9 que nos aseguran el perdón de nuestros pecados?

B. ¿Cómo el versículo 2 explica el perdón?

C. ¿Cuáles palabras usa David para expresar su arrepentimiento en los versículos 3-5?

D. Explica lo que dice el versículo 5 acerca del estado de cada persona en el momento de nacer.

E. Según los versículos 6 y 10-12, ¿qué desea Dios?

F. Nota en los versículos 13-15 que la oración de David no es egoísta. ¿Con qué propósito reconoció David su necesidad de Dios?

G. Según el versículo 16, hay algo en que Dios no se deleita, ¿qué es?

Compasivo y clemente es el Señor, lento para la ira y grande en misericordia.

Salmo 103:8

H. Según el versículo 17, ¿qué es aceptable?

El perdón significa estar bien con Dios por la sangre de Jesucristo, no por algo que hemos hecho nosotros. Muchas veces escuchamos a las personas decir: "Es que no puedo perdonarme a mí mismo". La psicología del mundo nos dice que tenemos que perdonarnos a nosotros mismos, pero la verdad es que nunca podemos, porque el perdón no proviene de nosotros. Una vez que entendemos que todo pecado es contra Dios, como vimos en el Salmo 51, nos damos cuenta que sólo Dios puede perdonar. Tenemos que recibir Su perdón para ser liberados de nuestra pena y esclavitud al pecado.

Es un concepto muy sencillo, pero es muy importante que lo entendamos bien. Muchos cristianos creen que han sido perdonados, pero en su diario caminar siguen usando la mortaja del egoísmo y la esclavitud de su pasado. ¿Te describe esto a ti? A pesar de los problemas que tenemos, hemos sido perdonados por completo, tenemos mucho por lo cual dar gracias a Dios. "Pero ahora, habiendo sido libertados del pecado y hechos siervos de Dios, tenéis por vuestro fruto la santificación, y como resultado la vida eterna. Porque la paga del pecado es muerte, pero la dádiva de Dios es vida eterna en Cristo Jesús Señor nuestro" (Romanos 6:22-23).

Jesús ha tomado nuestros pecados y los ha alejado de nosotros, como ha alejado el oriente del occidente, pero las consecuencias pueden durar. Tenemos que estar dispuestos a aceptar cualquier consecuencia que acarree nuestro pecado. Dios no causa las consecuencias, como Él tampoco impone su justicia en contra de nuestro libre albedrío. El pecado del mundo nos afecta de diferentes maneras. Sin dar importancia a la causa de las consecuencias, debemos hacernos esta pregunta: ¿estamos dispuestos a confiar en Dios? Si conocemos a Dios como el Dios amoroso y misericordioso, podemos confiar en Él con nuestras vidas, incluyendo cualquier consecuencia, porque sabemos que Sus planes son perfectos. "Él es la Roca, sus obras son perfectas, y todos sus caminos son justos. Dios es fiel; no practica la injusticia. Él es recto y justo" (Deuteronomio 32:4, NVI).

9. Toma un tiempo para leer con una actitud de oración Romanos 8:31-39. Luego escribe lo que más te ministró de este pasaje.

Estad quietos, y sabed que yo soy Dios; exaltado seré entre las naciones, exaltado seré en la tierra.

Salmo 46:10

DÍA 5: LOS NOMBRES DE DIOS

Como hemos visto, los nombres de Dios revelan el carácter de Dios. Entre más conocemos de Sus nombres, más lo conocemos y confiamos en Él. Hoy veremos tres nombres que confirman el amor y el perdón de Dios hacia hombres y mujeres pecadores.

Jehová-Tsidkenu—El Señor nuestra justicia

La palabra hebrea *tsidkenu* significa "hacer lo correcto o justo", o "ser justo o santo". El nombre *Jehová-Tsidkenu* se encuentra en Jeremías 23:6: "En sus días será salvo Judá, e Israel morará seguro; y este es su nombre por el cual será llamado: 'EL SEÑOR, JUSTICIA NUESTRA'". Sólo Jesús es justo. Sólo Él es capaz de amar con amor incondicional. Sólo Él puede perdonar a los pecadores. Es a través de Él que somos santificados y justificados. Sólo cuando estamos vestidos con la santidad de Jesucristo podemos entrar en la presencia del Dios santo.

1. Busca las promesas asociadas con *Jehová-Tsidkenu*, el que nos viste con Su justicia en los siguientes pasajes.

    Proverbios 10:6-7:

    Proverbios 18:10:

2. Escribe lo que más te bendice del nombre *Jehová-Tsidkenu* y su significado.

¡Su nombre es *Jehová-Tsidkenu*—Su nombre es Jesús!

EL NASA—EL DIOS QUE PERDONA

La palabra *nasa*, que significa "perdonar", se encuentra por primera vez en la Biblia en la historia de José (ver Génesis 50:17). Se encuentra en muchos pasajes del Antiguo Testamento. El nombre completo significa "el Dios que perdona" o "el Dios que quita nuestro pecado", y se encuentra en el Salmo 99:8. Este pasaje habla del pueblo de Dios "fuiste para ellos un Dios perdonador".

1. Subraya una frase que sea muy significativa para ti en el Salmo 25:16-18 que sigue.

Vuélvete a mí y tenme piedad, porque estoy solitario y afligido. Las angustias de mi corazón han aumentado; sácame de mis congojas. Mira mi aflicción y mis trabajos, y perdona todos mis pecados.

2. En el Salmo 99:8-9 vemos cómo Dios consoló a los hijos de Israel cuando los egipcios les maltrataban. ¿Qué palabras usa Dios para consolar a Sus hijos?

3. De lo que has aprendido de *El Nasa* (el Dios que perdona), escribe algo abajo que puedas aplicar a tu vida hoy.

A. ¿Por qué cosas necesitas pedir perdón esta semana?

B. Habla con tu líder sobre esta situación. Recibe y aplica el perdón de Dios una vez y para siempre.

C. Busca las promesas de *El Nasa* en los siguientes versículos y escribe lo que más te bendice.

Salmo 86:5:

1 Juan 1:9-10:

¡Su nombre es *El Nasa*—Su nombre es Jesús!

Hebreos 10:11-18

EL AHAVÁT—EL DIOS QUE AMA

Otro nombre para Jesús es *El Ahavát*, "el Dios que ama". Aunque este nombre no aparece en la Biblia, es una manera bíblica de describir al Dios que dice, porque "de tal manera amó al mundo, que dio a su Hijo unigénito, para que todo aquel que cree en Él, no se pierda, mas tenga vida eterna" (Juan 3:16). El nombre *El Ahavát* es formado de la palabra *aheb*, que significa "amar", y se encuentra en Deuteronomio 23:5: "Mas el Señor tu Dios te cambió la maldición en bendición, porque el Señor tu Dios te ama".

Y ciertamente todo sacerdote está de pie, día tras día, ministrando y ofreciendo muchas veces los mismos sacrificios, que nunca pueden quitar los pecados; pero Él, habiendo ofrecido un solo sacrificio por los pecados para siempre, se sentó a la diestra de Dios, esperando de ahí en adelante hasta que sus enemigos sean puestos por estrado de sus pies. Porque por una ofrenda Él ha hecho perfectos para siempre a los que son santificados. Y también el Espíritu Santo nos da testimonio; porque después de haber dicho: Este es el pacto que haré con ellos después de aquellos días —dice el Señor: Pondré mis leyes en su corazón, y en su mente las escribiré, añade: Y nunca más me acordaré de sus pecados e iniquidades. Ahora bien, donde hay perdón de estas cosas, ya no hay ofrenda por el pecado.

Hebreos 10:11–18

En Romanos 5:6-8 vemos el amor de Dios demostrado para el beneficio de la humanidad:

> Porque mientras aún éramos débiles, a su tiempo Cristo murió por los impíos. Porque a duras penas habrá alguien que muera por un justo, aunque tal vez alguno se atreva a morir por el bueno. Pero Dios demuestra su amor para con nosotros, en *que siendo aún pecadores, Cristo murió por nosotros* [énfasis de la autora].

1. De este pasaje arriba escribe lo que más te impacta y por qué.

2. Según 1 Juan 4:19, ¿cómo puedes amar a Jesús?

3. Busca las siguientes promesas relacionadas con *El Ahavát* en los siguientes pasajes y escribe lo que más te ministró hoy.
   Jeremías 31:3:

Isaías 43:4:

He disipado como una densa nube tus transgresiones, y como espesa niebla tus pecados. Vuélvete a mí, porque yo te he redimido.

Isaías 44:22

¡Su nombre es *El Ahavát*—Su nombre es Jesús!

Repaso de los nombres de Dios

1. Jesús es *Jehová Tsidkenu*, el Señor nuestra justicia. ¿Cómo te impacta saber que en Él somos justos y podemos entrar en Su presencia?

2. Jesús es *El Nasa*, el Dios que perdona. ¿Qué aprendiste en este estudio de *El Nasa*?

3. Jesús es *El Ahavát*, el Dios que ama. ¿Qué es lo que más te impacta al saber del amor que Dios tiene para ti?

4. ¿Con cuál de los personajes de la Biblia que estudiamos esta semana te identificas más: Gomer, Adán y Eva, o David? Explica.

Señor, si tú tuvieras en cuenta las iniquidades, ¿quién, oh Señor, podría permanecer? Pero en ti hay perdón, para que seas temido. Espero en el Señor; en Él espera mi alma, y en su palabra tengo mi esperanza. Mi alma espera al Señor más que los centinelas a la mañana; sí, más que los centinelas a la mañana.

Salmo 130:3–6

5. ¿Cómo te ayuda conocer a Jesús como *Jehová Tsidkenu, El Nasa,* y *El Ahavát?*

Su nombre es *Elohím*—Dios, nuestro creador.

Su nombre es *El Elyón*—Dios Altísimo.

Su nombre es *El Shadai*—Dios Todopoderoso, nuestro
guardián, el que cuida la puerta.

Su nombre es *Jehová Tsidkenu*— El Señor nuestra justicia.

Su nombre es *El Nasa*—El Dios que perdona.

Su nombre es *El Ahavát*—El Dios que ama.

¡Su nombre es Jesús!

El toque
TRANSFORMADOR
QUE QUEBRANTA

Todo el que caiga sobre esa piedra será hecho pedazos; y aquel sobre
quien ella caiga, lo esparcirá como polvo.

Lucas 20:18

DÍA 1: EL PROCESO DE QUEBRANTAMIENTO

Cuando Dios toca la vida de una persona, se produce humildad y quebrantamiento. El quebrantamiento nos lleva a un lugar donde reconocemos quién es Dios en verdad y le entregamos a Él el control de nuestras vidas. El mundo ve el quebrantamiento como algo negativo. Algo que se quebró ya no sirve. Pero Dios siempre usa el quebrantamiento para su gloria. Es sólo a través del quebrantamiento que Dios puede conformarnos a Su imagen y llevar a cabo Su propósito en nuestras vidas.

El proceso de transformación generalmente involucra la aplicación de fuerza externa; como el alfarero cuando trabaja con la arcilla. Jeremías 18:14 no relata que el Señor le habló al profeta, diciéndole:

"Levántate y desciende a la casa del alfarero, y allí te haré oír mis palabras". Entonces descendí a casa del alfarero, y he aquí, estaba allí haciendo un trabajo sobre la rueda. Y la vasija de barro que estaba haciendo se echó a perder en la mano del alfarero; así que volvió a hacer de ella otra vasija, según le pareció mejor al alfarero hacerla.

Isaías 64:8 declara: "Mas ahora, oh Señor, tú eres nuestro Padre, nosotros el barro, y tú nuestro alfarero; obra de tus manos somos todos nosotros". Cuando nos sometemos a las manos del Maestro, somos más sensibles al Espíritu Santo y a la Palabra de Dios para moldear nuestras vidas y conformarnos a Su propósito.

A medida que nos conformamos a la imagen de Dios (ver Romanos 8:29), Cristo "por medio de nosotros manifiesta en todo lugar la fragancia de su conocimiento" (2 Corintios 2:14). Una manera de "hacer fragancia" es aplicando presión. Se producen aceites preciosos y fragantes cuando se aplica presión a los pétalos de las flores, frutas o especies. De la misma manera, los pecados de otras personas, las circunstancias difíciles y los eventos no esperados aplican presión en nuestras vidas. En esos momentos, Dios esparce Su fragancia en nuestras vidas.

Vemos esto en la vida de Jesús, cuando Él estaba bajo presión en el huerto de Getsemaní, el lugar de Su dura prueba espiritual antes de Su crucifixión. *Getsemaní* es una palabra del hebreo que significa "lugar donde se prensa las olivas" o "prensa de aceite". La manera antigua de extraer aceite era aplicando presión con el peso de una enorme piedra de getsemaní que exprimía las aceitunas. Entre más presión se aplicaba más aceite se producía. Cuando Jesús estaba en el huerto de Getsemaní, Lucas 22:44 nos describe que "estando en agonía, oraba con mucho fervor; y su sudor se volvió como gruesas gotas de sangre, que caían sobre la tierra". La tremenda presión que estaba sobre Jesús era debido a que Él, en pocas horas, iba ser azotado, burlado, ridiculizado, golpeado, acusado falsamente y clavado en la cruz como el pago por el pecado de toda la humanidad.

De la misma manera que la fragancia se produce cuando la flor es sometida a presión, el sacrificio de Cristo fue un olor fragante para Dios. Entender plenamente este concepto de fragancia que sale bajo presión puede ser transformador. Efesios 5:2 nos dice que "Cristo se dio a sí mismo por nosotros, ofrenda y sacrificio a Dios, como fragante aroma". De la misma manera cuando la vida nos presiona, si nos sometemos a Dios, podemos ser "fragante aroma de Cristo . . . para Dios entre los que se salvan y entre los que se pierden" (2 Corintios 2:15).

En 2 Corintios 1:8 Pablo dice que él y los que estaban con él estaban "tan agobiados bajo tanta presión que hasta perdimos la esperanza de salir con vida (NVI)". Luego continúa en 2 Corintios 4:7-11, 15 diciendo:

> Pero tenemos este tesoro en vasijas de barro para que se vea que tan sublime poder viene de Dios y no de nosotros. Nos vemos atribulados en todo, pero no abatidos; perplejos, pero no desesperados; perseguidos, pero no abandonados; derribados, pero no destruidos. Dondequiera que vamos, siempre llevamos en nuestro cuerpo la muerte de Jesús, para que también su vida se manifieste en nuestro cuerpo. Pues a nosotros, los que vivimos, siempre se nos entrega a la muerte por causa de Jesús, para que también su vida se manifieste en nuestro cuerpo mortal . . .
>
> Todo esto es por el bien de ustedes, para que la gracia que está alcanzando a más y más personas haga abundar la acción de gracias para la gloria de Dios.

Si a través de un corazón roto Dios puede cumplir sus propósitos en el mundo, entonces agradézcale por romper su corazón.

Oswald Chambers

Como Pablo describe, hay muchas cosas que nos

pueden llevar al quebrantamiento. Y ser quebrantado no es algo que pasa una sola vez en la vida. Puede ser que nuestro orgullo necesita ser quebrantado para entender bien cuán grandioso es Dios y cuán insignificantes somos nosotros. Puede ser también que haya cosas buenas en nuestras vidas que nos impiden confiar totalmente en Dios. A veces, hay personas que necesitan ser removidas de nuestras vidas para darle a Dios Su debido lugar. En Romanos 12:1-2, Pablo les sigue diciendo a los creyentes:

> Por consiguiente, hermanos, os ruego por las misericordias de Dios que presentéis vuestros cuerpos como sacrificio vivo y santo, aceptable a Dios, que es vuestro culto racional. Y no os adaptéis a este mundo, sino transformaos mediante la renovación de vuestra mente, para que verifiquéis cuál es la voluntad de Dios: lo que es bueno, aceptable y perfecto.

Presentar nuestros cuerpos como un sacrificio vivo significa dejar a un lado todas nuestras ideas de cómo nuestra vida debe ser. Significa estar dispuestos a ser transformados mediante la renovación de nuestra mente por el Espíritu de Dios. Significa dejar que Él obre en nuestro corazón y aceptar la manera en que Él hace las cosas, aun cuando no parecen tener sentido para nosotros.

1. Toma un minuto y deja que Dios escudriñe tu corazón. Pídele que te muestre qué necesita ser removido de tu vida para que puedas trasmitir la fragancia de la victoria de Cristo a los demás. Revisa la siguiente lista. ¿Te puedes identificar con algo

de la lista? ¿Hay algo que te impide compartir la fragancia de Cristo a las demás personas? Subraya aquello que aplique a tu vida.

- ¿Encuentras identidad en lo que haces, donde vives, el dinero que ganas, o aun en algún buen ministerio? Si tú encuentras tu identidad en cualquier cosa que no sea Cristo, tu vida producirá un mal olor en lugar de la fragancia de Cristo.

- ¿Estás preocupado por tu imagen, tu vestido, tu casa, tus carros, tu apariencia física, o cualquier cosa material?

- ¿Gastas demasiado tiempo en el teléfono, en la internet, las redes sociales, los videojuegos, viendo televisión, etc.?

- ¿Tienes un ser querido que has perdido y no lo puedes soltar?

- ¿Hay alguna relación en tu vida que tratas de controlar o que es difícil?

- ¿Sobreproteges a tus hijos, o estás obsesionado(a) con tener hijos?

- ¿Estás obsesionado por el perfeccionismo?

- ¿Tienes expectativas irrealistas de los demás?

- ¿Existe cualquier otra cosa en tu vida que te está estorbando? Explica. Ten en cuenta que no tiene que ser algo malo. Es cualquier cosa que te impida acercarte más a Dios.

Reglas para el autodescubrimiento:

Lo que más queremos;

Lo que más pensamos;

Cómo usamos nuestro dinero;

Lo que hacemos con nuestro tiempo libre;

La compañía que disfrutamos;

Quién y qué admiramos;

Qué nos hace reír.

A. W. Tozer

2. Si tu cónyuge o tus amigos fueran a evaluar tu pasión más grande o lo que es más importante para ti, ¿qué crees que dirían?

3. ¿Ha comenzado Dios el proceso de quebrantamiento, removiendo de tu vida ciertas cosas? ¿Puedes ver cómo Dios está usando este proceso para llevarte a una relación más cercana con Él? Explica.

DÍA 2: LA FRAGANCIA DEL QUEBRANTAMIENTO

Victor Marx, el fundador del ministerio All Things Possible (Todo es posible), escribió esto en su libro, *The Victor Marx Story* (La historia de Víctor Marx):

Una verdad de la vida es que todo ser humano experimenta cosas buenas y cosas malas en ella. La pregunta es: ¿cómo respondemos a lo malo?

Míralo de esta manera, básicamente hay dos

caminos en la vida. Uno nos lleva a la vida eterna. El otro nos lleva a una muerte eterna. En uno encuentras el gozo de amar a los demás y hacer lo bueno. En el otro te vuelves amargado, hiriendo a otros y siguiendo los deseos destructivos de la carne. Uno te lleva a Dios y a una vida eternal. El otro te lleva a Satanás y a la soledad del infierno. Es fácil pensar que no tienes elección en la vida, ya que no elegiste las cosas malas que encuentras en tu vida.

Pero no puedes seguir culpando a las otras personas por las cosas malas que te han pasado. Jesús puede sanar tus heridas, aunque a veces quedan las cicatrices como un recordatorio de la misericordia y sanidad de Jesús. Puedes elegir la sanidad de Jesús. Tú puedes elegir el camino de la vida y sanidad. Esta decisión no la toman tus padres, tus abusadores, ni ninguna otra persona. Yo espero y oro que elijas el camino de la vida.[1]

Cuando nos encontramos con las presiones externas de la vida, podemos elegir ser una influencia mala y esparcir el desagradable olor de la opresión y muerte o podemos escoger ser una influencia buena, esparciendo la vida como una fragancia agradable a Dios. Cuando llegamos a un lugar de quebrantamiento, tenemos la opción de esparcir la fragancia agradable de Cristo, o el mal olor del egoísmo a las personas a nuestro alrededor. Lo que determina lo que esparcimos es nuestra devoción; ya sea a Dios o a nuestro ego. Si no nos sometemos a Dios, el olor que esparcimos será el mal olor del egoísmo, que no sirve de nada.

No hay victoria sin batalla; no hay testimonio sin pruebas. Dios es fiel en convertir nuestros desastres en mensajes que hablan de Su obra de gracia transformadora en nuestras vidas. De la misma manera que un frasco de perfume esparce su fragancia cuando es quebrado, nuestras vidas esparcen la fragancia de la victoria de Cristo cuando nos sometemos a Dios en los momentos de quebrantamiento.

Cuando pienso en el quebrantamiento, pienso en Jacob. Él tenía las promesas de Dios pero no esperaba el tiempo de Dios. Jacob hizo las cosas a su manera, cuándo él quería, y, como resultado, destruyó sus relaciones. La vida de Jacob nos muestra que aun cuando tenemos las promesas de Dios, podemos actuar de una manera independiente de Dios. Actuar así es el polo opuesto del quebrantamiento. Jacob necesitaba ser quebrantado para dejar atrás su autosuficiencia antes de que Dios lo pudiera usar plenamente.

En Génesis 32:24-31 leemos lo siguiente:

Jacob se quedó solo, y un hombre [el Ángel de Dios] luchó con él hasta rayar el alba. Cuando vio que no había prevalecido contra Jacob, lo tocó en la coyuntura del muslo, y se dislocó la coyuntura del muslo de Jacob mientras luchaba con él. Entonces el hombre dijo: Suéltame porque raya el alba.

Pero Jacob respondió: No te soltaré si no me bendices.

Y él le dijo: ¿Cómo te llamas?

Y él respondió: Jacob.

Y el hombre dijo: Ya no será tu nombre Jacob, sino Israel, porque has luchado con Dios y con los hombres, y has prevalecido.

Entonces Jacob le preguntó, y dijo: Dame a conocer ahora tu nombre.

Pero él respondió: ¿Para qué preguntas por mi nombre? Y lo bendijo allí.

Y Jacob le puso a aquel lugar el nombre de Peniel, porque dijo: He visto a Dios cara a cara, y ha sido preservada mi vida. Y le salió el sol al cruzar Peniel, y cojeaba de su muslo [nota aclaratoria].

El Ángel de Dios era Dios mismo. Jacob luchó contra Él y Dios ganó. Dios tenía que traer a Jacob a un lugar de quebrantamiento delante de Él. Jacob tenía que aprender a aceptar la voluntad de Dios para su vida. Dios deseaba hacer una obra extraordinaria a través de este hombre, pero primero necesitaba cambiarlo de Jacob, que significa "el que toma por el talón", "engañador" o "gobernado por la carne", a Israel, que significa "gobernado por Dios". Eso pasó para que Jacob aprendiera a confiar en Dios y dejar que Él gobernara su vida, y así hacer las cosas a Su manera y en Su tiempo.

Este asunto de la autosuficiencia le costó a Jacob mucho, incluyendo su relación con su hermano, Esaú. Años antes, Jacob había engañado a su padre y tomó la bendición y la primogenitura que le pertenecían a Esaú. Jacob tuvo que huir de su hermano y vivió mucho tiempo lejos de su familia. Lo interesante es que cuando Jacob se encontró con el Señor en esta lucha, él se encontraba en camino a ver a su hermano después de veinte años de separación y pecados no resueltos. Ahora, después de ser quebrantado por el Señor, Jacob tenía una actitud de humildad y, como resultado, envió sirvientes delante de él con regalos para Esaú. Jacob con mucha humildad bendijo a su hermano, buscando primero los intereses de Esaú antes que los suyos. Pasar tiempo con Dios produjo paz en las relaciones terrenales de Jacob. Puede ser lo mismo en nuestro caso, sin importar qué tan deteriorada parezca nuestra relación.

Hasta que no experimentamos el quebrantamiento ante el Señor y permitamos que Él haga Su voluntad en nuestra vida, continuaremos luchando con el Señor y tratando de controlar nuestras relaciones terrenales. Sólo cuando venimos ante Él quebrantados seremos gobernados por Dios y así experimentaremos Su paz. Él tiene el control de todo y ¡Sus caminos son perfectos ya que fueron establecidos antes del comienzo de los tiempos! Isaías 43:13 dice: "Aun desde la eternidad, yo soy, y no hay quien libre de mi mano; yo actúo, ¿y quién lo revocará?". Cuando luchamos contra Dios, siempre es inútil, ya que nosotros vamos a perder.

Estoy segura que puedes mirar atrás en tu vida y ver momentos cuando te pareció que Dios necesitaba tu ayuda, pero después te das cuenta que nunca es buena idea intentar ayudar a Dios. Allí es donde Jacob se encontraba cuando comenzó a luchar con Dios (ver Génesis 32:24). Dios hará cosas asombrosas en nuestras vidas. Pero cuando hemos sido quebrantados y hemos entregado nuestra situación a Dios, a veces tratamos de tomar el control y comenzamos de nuevo a luchar con Dios.

Jacob luchó con Dios toda la noche antes de ser

quebrantado. Me parece interesante que Jacob prevaleció contra el Señor hasta el punto de que el Señor tuvo que dislocar la coyuntura del muslo de Jacob. Como resultado de esto, Jacob cojeó por el resto de su vida. El pastor Chuck Smith dice que Dios quería darle una corona a Jacob, pero primero tuvo que darle una cojera.

No sé con qué estas luchando, pero quiero que sepas que no necesitas luchar con Dios. Puedes humillarte delante de Él y someterte a Su voluntad. Él desea bendecirte y usarte para Su gloria, pero primero tienes que estar quebrantado delante de Dios y dejarlo obrar cómo y cuándo Él quiera.

Dios está buscando personas disponibles, humildes y quebrantadas. Podemos escoger rendirnos y dejar de pelear contra Dios. Cuando al fin nos rindamos, veremos claramente la Palabra de Dios, y no seremos controlados por el temor ni decepcionados por las circunstancias. Cuando finalmente lleguemos al lugar de quebrantamiento ante Dios, seremos asombrados por las cosas que Él puede hacer a través de nosotros, que no pudiéramos haber hecho en nuestras propias fuerzas. Cuando entendemos que separados de Él nada podemos hacer (ver Juan 15:5) mas todo lo podemos en Cristo que nos fortalece (ver Filipenses 4:13), podremos confiar en Dios, y así tener paz incluso en medio de una violenta tormenta. Podemos ser bendecidos con el conocimiento de que Dios está con nosotros, sin importar las circunstancias. Él está obrando en todas las cosas. ¡Él es suficiente y Su obra es completa!

Siempre hay un precio por pagar cuando no confiamos que Dios va ser fiel a Su palabra. Él tiene que entrar en nuestras circunstancias y llevarnos a un lugar de quebrantamiento. Por favor, no esperes que Dios te

Debido al hecho que el diablo, las cosas y la gente son lo que son, es necesario que Dios use el martillo, la lima, y el horno en Su obra santa de preparar al santo para la verdadera santidad y santificación. Es dudoso que Dios pueda bendecir en gran manera a un individuo si antes Él no lo ha herido profundamente y a fondo.

A. W. Tozer

Dios nunca está de prisa, no hay fechas límites contra las cuales Él debe trabajar. Sólo saber esto calma nuestros espíritus y relaja nuestros nervios.

A. W. Tozer

provoque una cojera. Permítele quebrantar tu voluntad, tus deseos y tus caminos, no solo en las cosas grandes sino también en el tiempo y en la manera en que obra en tu vida. Reconoce que la promesa de Romanos 8:28 es verdad: Él está trabajando para que todas las cosas cooperen para el bien de los que son llamados conforme a Su propósito. Reconoce que Él es Dios y déjalo obrar en tu vida.

DÍA 3: LA VIDA DE ANA

Esta semana vamos a mirar la vida de Ana. Pasa un tiempo hoy en oración y lee 1 Samuel 1:1-2:10 con el propósito de contestar las siguientes preguntas:

¿Qué aprendo de…?

- * ¿Dios/Jesús/el Espíritu Santo?

- * ¿Las mentiras de Satanás?

- * ¿Mi situación?

- * ¿Mí mismo/mis creencias?

- * ¿La verdad de la Palabra de Dios?

¿Existe…?

- * ¿Un mandato o ejemplo en el pasaje para seguir?

- * ¿Una actitud que necesito confesar?

- * ¿Una mentira que necesita ser reemplazada con la verdad de la Palabra de Dios?

- * ¿Algo de la cual necesito arrepentirme?

- * ¿Un pecado o consecuencia que debo evitar?

- * ¿Algo que necesito entregarle a Dios?

¿Qué te ministró especialmente en este pasaje?

Responde a Dios escribiendo una oración.

De la lectura de 1 Samuel 1:1-2:10 que acabas de hacer, responde las siguientes preguntas.

1. ¿Quién es el esposo de Ana?

2. ¿Quién es Penina, y qué aprendiste acerca de ella?

No debemos mirarnos a nosotros mismos, ni a nuestras circunstancias ni a nuestros problemas, ni a las piedras en el camino, sino a Jesús. ¡Sí, las piedras en tu camino te llevan a tu destino!

Warren W. Wiersbe

3. ¿Qué aprendiste de Ana?

4. La tristeza de Ana hizo que Elcana se sintiera insuficiente como esposo. ¿Alguna vez tu tristeza ha hecho que otra persona se sienta insuficiente? ¿Es razonable acudir a otros para suplir todas las necesidades de tu vida? ¿Quién es el único que puede suplir todos los deseos de tu alma?

Muchas veces la gente se desanima o hasta se deprime cuando no pueden controlar las circunstancias o relaciones. Cuando nuestro enfoque está en las circunstancias y los conflictos, esto produce tristeza. El remedio para este tipo de desánimo, depresión o ansiedad, es enfocarnos en Dios, mirar hacia Él, confiar en Él y entregarle a Él nuestras circunstancias, aun cuando no entendamos. El Señor promete cambiar nuestro duelo en gozo, consolarnos y alegrarnos de nuestra tristeza (ver Jeremías 31:13).

> *Si te fijas en el mundo, tú estará angustiado; si miras a dentro, estarás deprimido; si miras a Dios, estarás en reposo.*
>
> **Corrie ten Boom**

Ana era una mujer con un espíritu de tristeza. La presión de las circunstancias la llevó al punto del quebrantamiento. Su esposo, Elcana, la amaba, pero ella estaba triste porque era estéril. La tristeza de Ana era entendible; en los tiempos del Antiguo Testamento, tener hijos era una parte muy importante de la cultura del Medio Oriente, y un símbolo de éxito para las mujeres que podían tenerlos.

Ana no sólo era estéril, sino que también era continua y severamente provocada por la otra esposa de Elcana, Penina, quien había dado a su esposo varios hijos. Cada año Elcana llevaba sus dos esposas a Silo a presentar un sacrificio a Dios y adorar al Señor en el tabernáculo. Y cada año era igual para Ana; ella era provocada a miseria por su celosa rival, quien no dejaba de recordarle de su estado de mujer estéril. Se sentía vacía, y este vacío no lo podía llenar ni su esposo ni ninguna otra persona. Fue su situación de quebranto total que le permitió a Dios obrar en su corazón con un milagro que cambiaría su vida.

El secreto es Cristo en mí, no yo en las diferentes circunstancias. Hasta que la voluntad y los afectos no lleguen a ser sometidos a la voluntad de Cristo, no hemos comenzado a entender, ni mucho menos a aceptar Su señorío.

Elisabeth Elliot

5. ¿Cuál es la verdadera esterilidad según 2 Pedro 1:5-11?

6. Aunque ser estéril parecía ser el problema de Ana a primera vista, ¿cuál piensas que fue la verdadera razón de su angustia y tristeza de espíritu?

7. ¿Alguna vez has estado tan triste que creíste la mentira de que Dios no te ama? Si es así, puede ser que tú eres una persona que busca evidencias físicas del amor de Dios.

    A. Completa la siguiente frase: "Si Dios en verdad me amara, Él hubiera _____

_____

_____

_____."

B. Memoriza Filipenses 4:11-13. Cuando estés tentado a creer mentiras, recuerda la verdad de la Palabra de Dios. ¿Qué consuelo nos ofrece el versículo 13?

Aún en medio de su quebrantamiento, y a pesar de la crueldad infligida por Penina, Ana hacía el viaje a Silo para adorar a Dios cada año. Ana no esperó hasta estar sana para entrar en el tabernáculo; ella entró tal como estaba, con el espíritu quebrantado—amargada, triste, y derrotada—y lloró en angustia delante del Señor.

8. ¿Qué dice 1 Samuel 1:9-10 acerca de Ana?

A. ¿Piensas que deberías esperar hasta que tu corazón esté sano y tus motivos puros para acercarte a Dios? Explica.

B. ¿Es posible que hayas estado fingiendo al presentar tu "sacrificio" a Dios, adorando al Señor en el "tabernáculo", pero todo el tiempo tu espíritu ha estado lleno de tristeza y angustia, quizá hasta con una raíz de amargura? Toma unos minutos en oración y pide a Dios que te ayude a confiar en Él y entregarle tus preocupaciones.

Si esperamos hasta tener los motivos puros, nunca llegaremos ni medio viaje rumbo a Silo. Pero en cambio, si buscamos a Dios, aún con el corazón triste o angustiado, la gracia de Dios nos cambiará desde adentro.

DÍA 4: MANTENER LA FE DURANTE EL PROCESO DE QUEBRANTAMIENTO

El nombre Ana significa "gracia y favor". Pero para que estas cualidades pudieran manifestarse en su vida, Ana tuvo que pasar por un proceso de quebrantamiento. Fue precisamente este quebrantamiento que cambió su corazón. Su fe fue refinada y ella clamó a Dios y buscó Su voluntad.

En el momento más difícil de su vida, Ana vino delante de Dios con confianza, y derramó su alma delante de Él (ver 1 Samuel 1:15). Fue en este momento que ella pudo hablar del deseo de su corazón. Ana pudo pedir específicamente por su deseo, dentro de la voluntad de Dios. En 1 Samuel 1:11 relata que Ana hizo un voto, y dijo: "Oh Señor de los ejércitos, si tú te dignas mirar la aflicción de tu sierva, te acuerdas de mí y no te olvidas de tu sierva, sino que das un hijo a tu sierva, yo lo dedicaré al Señor por todos los días de su vida y nunca pasará navaja sobre su cabeza". Ana escogió enfocarse en Dios y Su provisión en lugar de fijarse en sus circunstancias.

1. ¿Qué tiendes a hacer cuando sufres dolor o decepción? ¿Tiendes a correr lejos del Señor, y dejar de adorarle? O ¿corres hacia Él para entregarle tus penas? Explica.

2. Cuando Ana derramó su corazón delante del Señor, Elí, el sacerdote, no entendió lo que ella decía. Según 1 Samuel 1:14, ¿cuál fue la acusación de Elí?

3. ¿Hay algo que estás reteniendo, algo que no quieres entregarle a Dios por temor a lo que pensará la gente?

4. Satanás intenta impedirnos adorar al Señor. Él intenta alejarnos de la presencia de Dios, como Penina hizo con Ana, pero el poder del llamado de Dios es más grande. Los propósitos de Dios siempre prevalecerán como pasó en la vida de Ana. Lee Filipenses 1:6. ¿Cómo te conforta este versículo?

Después de hablar con Ana, Elí se dio cuenta que ella era una mujer temerosa de Dios, y la bendijo diciendo: "Que el Dios de Israel te conceda lo que le has pedido" (1 Samuel 1:17, NVT). Ana, después de luchar en oración, salió de la prueba llena de gozo, con un propósito renovado (ver 1 Samuel 1:18). Aunque en este momento sus circunstancias no habían cambiado todavía, Ana experimentó el toque transformador de la paz de Dios, porque ella entregó sus deseos y circunstancias a Dios y escogió aceptar Su voluntad para su vida.

Más adelante, Ana dio a luz a su hijo Samuel, comprobando una vez más que Dios siempre cumple Sus promesas.

5. Escribe el voto que Ana hizo en 1 Samuel 1:11.

6. Busca 2 Timoteo 1:12, luego escribe lo que más te ministre de este versículo.

¡Vaya qué testimonio! Ana rápidamente aprendió a no aferrarse de las cosas. Que todo es de Dios y que es mejor devolverle las cosas a Dios. Ella no luchó con Dios ni intentó renegociar ni renegar su voto; en cambio entregó a Samuel a Dios voluntariamente.

7. ¿Alguna vez has tenido que entregarle a Dios algo o alguien que amabas mucho? Explica.

8. ¿Hay un "Samuel" en tu vida actualmente? ¿Alguien o algo que necesitas entregarle para siempre a Dios? Escribe una oración de compromiso al Señor, pidiendo que Él te llene con Su suficiencia.

Dios no sólo cambió la vergüenza de Ana, convirtiéndola en madre, sino que también la bendijo con un legado. La fidelidad de Ana continuó en la vida de su hijo, Samuel, quien se convirtió en sacerdote y fue usado por Dios para ungir a David como rey de Israel. La fidelidad de Ana la impactó a ella y a su familia, y hasta la nación entera.

Entonces os compensaré por los años que ha comido la langosta, el pulgón, el saltón y la oruga, mi gran ejército, que envié contra vosotros.

Joel 2:25

Mi oración es que no estés satisfecho con sólo esperar en la puerta de la presencia de Dios, sencillamente fingiendo o actuando que adoras a Dios, pero sin entregar tus penas y la amargura de tu corazón. Entra a Sus atrios con alabanza, ven delante de Él con una actitud de humildad reconociendo que Él y sólo Él puede transformar tu vida. Considérate bendecido como alguien que ha sido tocado por la grandeza de Dios y honrado porque extiende Su legado a quien Él elige.

DÍA 5: LOS NOMBRES DE DIOS

Continuamos nuestro estudio de los nombres y el carácter de Dios. Hoy veremos dos nombres que demuestran la misericordia de Dios para con los que están quebrantados y en necesidad de la sanidad y provisión de Dios.

Bendito sea el Señor Dios, el Dios de Israel, el único que hace maravillas. Bendito sea su glorioso nombre para siempre, sea llena de su gloria toda la tierra. Amén y amén.

Salmo 72:18–19

JEHOVÁ RAFA—EL SEÑOR QUE SANA

Dios dice en Éxodo 15:26: "Si escuchas atentamente la voz del Señor tu Dios, y haces lo que es recto ante sus ojos, y escuchas sus mandamientos, y guardas todos sus estatutos, no te enviaré ninguna de las enfermedades que envié sobre los egipcios; porque yo, *el Señor, soy tu sanador*" [énfasis de la autora].

Cuando Moisés salió de Egipto con los hijos de Israel, cruzaron el mar Rojo, y luego vagaron en el desierto por tres días sin agua. Cuando por fin llegaron a Mara y encontraron agua, no podían tomar porque el agua era amarga. ¿Puedes imaginar lo decepcionados que se sintieron? Como es típico de los humanos, la gente murmuró, como nosotros también lo hacemos cuando experimentamos decepción. Moisés clamó al Señor; y en obediencia al Señor, echó el árbol a las aguas y se volvieron dulces. La Biblia dice que Dios estaba probando a Israel para ver si confiaban en Él; para ver si iban a producir fragancia agradable para Él u olor desagradable del egoísmo.

Finalmente, fue Dios quien guió al pueblo de Israel a un lugar de aguas amargas, que *parecía* ser a un lugar de decepción. ¡Oh, cuánto dolor podemos evitar si tan sólo entendiéramos y aceptáramos que Dios es bueno! Sus caminos siempre son mucho mejor de lo que nosotros podemos imaginar. Podemos estar confiados que *Jehová Rafa* es capaz de sanar nuestro cuerpo, mente y alma. Él es totalmente digno de nuestra confianza. Aun cuando no entendamos ni el porqué ni el cómo de las cosas, podemos estar seguros del carácter de Dios y de la verdad que sabemos de Él. En Isaías 55:8-9 Dios nos dice: "'Porque mis pensamientos no son vuestros pensamientos, ni vuestros caminos mis caminos'—declara el Señor. 'Porque como los cielos son más altos que la tierra, así mis caminos son más altos que vuestros caminos, y mis pensamientos más que vuestros pensamientos'".

1. Es muy importante entender que Dios no está atado a nuestras expectativas, pensamientos, horarios, ni siquiera al sentido común como los humanos. Haz una lista de las decepciones que has experimentado en tu vida, por ejemplo, con tus hijos, el trabajo, tu cónyuge, tu vida en general, etc. Luego explica la razón por la cual te sientes decepcionado con esta área de tu vida.

Confía en el Señor con todo tu corazón, y no te apoyes en tu propio entendimiento. Reconócele en todos tus caminos, y Él enderezará tus sendas.

Proverbios 3:5–6

A. Cuando te encuentres en un lugar reseco y parezca que Dios te ha decepcionado, puede ser que estás pasando por una prueba, como los hijos de Israel. ¿Cómo puede convertirse tu decepción en alabanza?

B. ¿Tienes confianza de que Dios te puede liberar? ¿Cómo afectaría tu perspectiva el hecho de confiar en Dios para librarte?

2. Dios nos manda a tener una perspectiva eterna y no enfocarnos en las cosas terrenales. Escribe aquí 2 Corintios 4:16-18, y subraya lo que más te anima.

Tú has cambiado mi lamento en danza; has desatado mi cilicio y me has ceñido de alegría; para que mi alma te cante alabanzas y no esté callada. Oh Señor, Dios mío, te alabaré por siempre.

Salmo 30:11–12

3. Cuando no sabes cómo terminarán las cosas, puedes recordar lo que sí sabes. Dios te liberará y convertirá tu amargura en dulzura cuando confías completamente en Él, porque Él es fiel. Según 2 Timoteo 2:13, ¿de qué depende Su fidelidad?

Nuestra visión es tan limitada que no podemos imaginar un amor que se protege a sí mismo del sufrimiento. El amor de Dios es totalmente diferente. No huye de la tragedia. Nunca niega la realidad. Enfrenta el sufrimiento de una forma directa.

Elisabeth Elliot

4. ¿Crees que puedes ser decepcionado si permaneces en Él y confías completamente en Dios? ¿Por qué?

¡Su nombre es Jehová Rafa—Su nombre es Jesús!

Jehová Yireh—el Señor proveerá

En Génesis 22 aprendemos el nombre *Jehová Yireh*, cuyo significado es "el Señor proveerá".

La historia comienza en el versículo 2, donde nos dice que Dios probó a Abraham diciendo: "Toma ahora a tu hijo, tu único, a quien amas, a Isaac, y ve a la tierra de Moriah, y ofrécelo allí en holocausto sobre uno de los montes que yo te diré". Abraham sabía la promesa de Dios de hacer de sus descendentes un pueblo más numeroso que las estrellas. Y ahora Dios le está diciendo que tiene que sacrificar a Isaac, el hijo de la promesa. Aunque Abraham no entendió lo Dios estaba haciendo, el obedeció y no perdió la fe que Dios iba cumplir su promesa. Podemos ver eso en versículo 5: "Abraham dijo a sus mozos: Quedaos aquí con el asno; yo y el muchacho iremos hasta allá, adoraremos y volveremos a vosotros".

Génesis 22:6-13 nos dice,

> Tomó Abraham la leña del holocausto y la puso sobre Isaac su hijo, y tomó en su mano el fuego y el cuchillo. Y los dos iban juntos. Y habló Isaac a su padre Abraham, y le dijo: Padre mío. Y él respondió: Heme aquí, hijo mío. Y dijo Isaac: Aquí están el fuego y la leña, pero ¿dónde está el cordero para el holocausto? Y Abraham respondió: Dios proveerá para sí el cordero para el holocausto, hijo mío. Y los dos iban juntos. Llegaron al lugar que Dios le había dicho y Abraham edificó allí el altar, arregló la leña, ató a su hijo Isaac y lo puso en el altar sobre la leña.

Entonces Abraham extendió su mano y tomó el cuchillo para sacrificar a su hijo. Mas el ángel del Señor lo llamó desde el cielo y dijo: ¡Abraham, Abraham! Y él respondió: Heme aquí. Y el ángel dijo: No extiendas tu mano contra el muchacho, ni le hagas nada; porque ahora sé que temes a Dios, ya que no me has rehusado tu hijo, tu único. Entonces Abraham alzó los ojos y miró, y he aquí, vio un carnero detrás de él trabado por los cuernos en un matorral; y Abraham fue, tomó el carnero y lo ofreció en holocausto en lugar de su hijo.

El Señor estaba probando a Abraham. Le pidió hacer algo que para él no tenía sentido. Pero cuando Abraham obedeció, el Señor proveyó de una manera inesperada. Porque no retuvo ni su posesión más valiosa, el Señor le proveyó un substituto para el sacrificio:

Por mí mismo he jurado, declara el Señor, que por cuanto has hecho esto y no me has rehusado tu hijo, tu único, de cierto te bendeciré grandemente, y multiplicaré en gran manera tu descendencia como las estrellas del cielo y como la arena en la orilla del mar, y tu descendencia poseerá la puerta de sus enemigos. (Génesis 22:16-17)

A veces, Dios sólo quiere que estemos dispuestos a perder algo que es valioso para nosotros, cosas que a veces compiten con el amor que tenemos para con Él.

Cuando caminamos en fe, confiando en Dios,

escogiendo la obediencia, veremos Su provisión para con nosotros en las situaciones difíciles. Es por eso que en Génesis 22:14, Abraham llamó el lugar: "El Señor proveerá". Dios envió a Jesús como la provisión para nosotros para obtener la vida eterna. Y si podemos confiar en Dios para proveer la vida eterna, podemos también confiar en Él para proveer lo que necesitamos en la vida terrenal. Tenemos que dejar de intentar terminar en la carne lo que comenzó en el Espíritu (ver Gálatas 3:3).

1. ¿Por cuales razones puedes confiar en Dios según los siguientes versículos?

Filipenses 4:19:

2 Pedro 1:3-4:

¿En qué estado te encuentras ahora? ¿Te sientes solo? Él es tu amigo. ¿Estás en bancarrota? Él es tu provisión. ¿Te sientes ansioso o con miedo? Él es tu paz. ¿Estás esclavizado o atado a algo o a alguien? Él es tu libertador. Jesús vino a dar libertad a los cautivos. Él es lo que tú necesitas, así que no te escondas de Él. Puedes confiar en Él, porque Él es *Jehová Yireh*. Él te ama y proveerá para todas tus necesidades según Sus riquezas.

Volvieron . . . fortaleciendo los ánimos de los discípulos, exhortándolos a que perseveraran en la fe, y diciendo: Es necesario que a través de muchas tribulaciones entremos en el reino de Dios.

Hechos 14:21–22

2. Escribe una oración a Dios, dándole las gracias por ser tu *Jehová Yireh*.

Su nombre es *Jehová Yireh*— ¡Su nombre es Jesús!

REPASO DE LOS NOMBRES DE DIOS

1. Jesús es *Jehová Rafa*—el Señor que sana. ¿Cómo te impacta hoy saber que Jesús puede sanar todas las áreas estériles de tu vida?

2. Jesús es *Jehová Yireh*—el Señor proveedor. ¿Cómo, conocer a Jesús como *Jehová Yireh*, te ayuda con tu necesidad?

3. ¿Con cuáles de los personajes que estudiamos esta semana—Jacob, Ana, Penina, o Elcana—te identificas más? ¿Por qué?

De una cosa estoy segura: Dios nunca termina una historia con "cenizas".

Elisabeth Elliot

Su nombre es *Elohím*—Dios nuestro creador.

Su nombre es *El Elyón*—Dios Altísimo.

Su nombre es *El Shadai*—Dios Todopoderoso, nuestro guardián, el que cuida la puerta.

Su nombre es *Jehová Tsidkenu*— El Señor nuestra justicia.

Su nombre es *El Nasa*—El Dios que perdona.

Su nombre es *El Ahavát*—El Dios que nos ama.

Su nombre es *Jehová Rafa*—El Dios que nos sana.

Su nombre es *Jehová Yireh*—El Señor proveedor.

¡Su nombre es Jesús!

EL TOQUE TRANSFORMADOR QUE PRODUCE ENTREGA

Entonces Jesús dijo a sus discípulos: Si alguno quiere venir en pos de mí, niéguese a sí mismo, tome su cruz y sígame. Porque el que quiera salvar su vida, la perderá; pero el que pierda su vida por causa de mí, la hallará.

Mateo 16:24-25

DÍA 1: DIOS ES DIGNO DE NUESTRA ENTREGA

Se ha dicho que la vida es como un desfile que pasa por las calles de una ciudad. El punto de vista de Dios es como alguien que está arriba en un helicóptero. Él puede ver el desfile entero, de principio a fin, todo a la vez. Pero nosotros, por las limitaciones de nuestro cuerpo físico, somos como las personas que se sientan en la orilla de la calle y ven pasar todas las carrozas del desfile una por una. No podemos ver lo que viene a la vuelta.

Por eso es tan importante para nosotros andar por fe y no por vista (ver 2 Corintios 5:7). No podemos confiar en nuestra perspectiva de la vida sino que tenemos que confiar que Dios sabe lo que hace y que Él está trabajando en Su plan soberano para nuestras vidas. Tenemos la difícil tarea de aprender a someternos a Su voluntad para nuestra vida. Tenemos que aprender a descansar en Su amor, aunque lo que estemos viendo parezca no tener sentido o incluso sea doloroso.

En el Salmo 139:14-18, David declara:

Te alabaré, porque asombrosa y maravillosamente he sido hecho; maravillosas son tus obras, y mi alma lo sabe muy bien. No estaba oculto de ti mi cuerpo cuando en secreto fui formado, y entretejido en las profundidades de la tierra. Tus ojos vieron mi embrión, y en tu libro se escribieron todos los días que me fueron dados, cuando no existía ni uno solo de ellos.

¡Cuán preciosos también son para mí, oh Dios, tus pensamientos! ¡Cuán inmensa es la suma de ellos! Si los contara, serían más que la arena. Al despertar aún estoy contigo.

Este salmo nos muestra un poco del amor soberano de Dios para con Sus hijos. En Jeremías 29:11 nos dice que Dios tiene "planes de bienestar y no de calamidad, para daros un futuro y una esperanza". En este versículo, Dios también nos promete que cuando le buscamos de todo corazón, Él se dejará hallar. En Efesios 3:20 Pablo nos anima diciendo que Dios "es poderoso para hacer todo mucho más abundantemente de lo que pedimos o entendemos, según el poder que obra en nosotros". Dios no sólo conoce nuestro nombre, sino que también tiene planes para nuestro futuro, hasta sabe exactamente el número de días que tenemos en esta tierra.

Quizá te has preguntado, ¿de qué se trata esta vida?; o has pensado cuál será el futuro de tu vida. Quizá te has preguntado para qué te hizo Dios. Quizá eres como yo. Cuando conocí a Cristo, pensé que de repente iba tener una vida perfecta y vivir feliz para siempre. Después de todo, ¿no es así que funciona? Yo sigo a Dios y Él me bendice.

Esta es la mentira que el enemigo quiere hacernos creer y desafortunadamente muchos lo hacen. Luego cuando las cosas no van como piensan que deben, Satanás les tienta a cuestionar el amor de Dios.

Jesús nos dice en Juan 16:33 que en este mundo tendremos tribulación, pero también dice que en Él podemos tener paz. Dios nos promete en el Salmo 16:11, a través de la oración de David: "Me darás a conocer la senda de la vida; en tu presencia hay plenitud de gozo; en tu diestra, deleites para siempre". Experimentamos la realidad de estas promesas cuando elegimos permanecer en Cristo y aceptar la obra que Él quiere hacer en nuestro corazón. Cuando llegamos al lugar de entrega completa de nuestros planes, sueños e ideas sobre cómo deben ser las cosas, experimentaremos la paz sobrenatural de Dios que sobrepasa todo entendimiento. Entonces comenzaremos a buscar los planes de Dios en lugar de los nuestros. Rendirnos, aunque es difícil, es lo que nos libera. Y podemos confiar nuestras vidas a Dios cuyos caminos son perfectos (ver Salmo 18:30).

> *La voluntad de Dios no es algo que puedes sencillamente añadir a tu vida. Es un camino que eliges. O sigues el Hijo de Dios o sigues los principios de este mundo.*
>
> **Elisabeth Elliot**

Intenta por un minuto ponerte en el lugar de María, una joven, virgen, desposada con un hombre que se llama José. En Lucas 1 nos dice que durante el tiempo de espera, antes de casarse, Dios envió al ángel Gabriel donde María en Nazaret. Yo estoy segura que ella experimentó muchas emociones diferentes cuando se le apareció Gabriel, diciendo: "¡Salve, muy favorecida! El Señor está contigo; ¡bendita eres tú entre las mujeres!" (Lucas 1:28).

María fue perturbada por sus palabras, pero Gabriel le dijo: "No temas, María, porque has hallado gracia delante de Dios. Y he aquí, concebirás en tu seno y darás a luz un hijo, y le pondrás por nombre Jesús" (vv. 30-31). María, como era una mujer que conocía la Palabra de Dios, sabía que Gabriel hablaba de la promesa de Dios en Isaías 7:14, que una virgen concebiría y daría luz a un Hijo. María, como era virgen, le preguntó al ángel: "¿Cómo será esto, puesto que soy virgen?" (Lucas 1:34). Gabriel le respondió: "El Espíritu Santo vendrá sobre ti, y el poder del Altísimo te cubrirá con su sombra; por eso el santo Niño que nacerá será llamado Hijo de Dios" (v. 35).

La respuesta de María es un retrato muy bonito de entrega total. Ella dijo: "He aquí la sierva del Señor; hágase conmigo conforme a tu palabra" (v. 38). María entendió que no era su posición imponer al Maestro la voluntad de ella sino aceptar la voluntad y el tiempo del Señor. María aceptó un embarazo milagroso que sería muy sospechoso, un escándalo en esta cultura que tenía pena de muerte para el adulterio. A pesar de estas circunstancias, ella dijo: "Mi alma engrandece al Señor" (v. 46). María es una representación de entrega total y nos enseña lo que significa confiar totalmente en el Señor y Su Palabra, aun cuando no entendemos o es un gran sacrificio personal.

Imagínate cómo se sintió José al recibir la noticia de que María había concebido por obra del Espíritu Santo antes de haberse casado o tenido relaciones sexuales (Mateo 1:18). La reputación de José y la de su prometida serían cuestionadas ante los ojos de la comunidad. José podía haber entregado a María para ser apedreada por adulterio, pero Mateo 1:19 dice que José, "siendo un hombre justo y no queriendo difamarla, quiso abandonarla en secreto".

Cuando un ángel del Señor se le apareció en un sueño, diciendo: "José, hijo de David, no temas recibir a María tu mujer, porque el Niño que se ha engendrado en ella es del Espíritu Santo" (Mateo 1:20). José tuvo que tomar una decisión. Podía apartarse de la situación, pensando en lo que pensarían los demás, o podía confiar en la Palabra de Dios y creer que "para Dios todo es posible" (Mateo 19:26), y entregar sus planes futuros a Dios.

La sumisión se convertiría en un elemento importante en la vida de José y María. Tenían que confiar en Dios no sólo para el nacimiento de Jesús, sino también en las profecías de Su vida y muerte. Para María parecía no tener sentido ver a su hijo sufrir y ser crucificado de las manos de personas malvadas. No creo que ninguno de nosotros podemos imaginar el dolor de ver a nuestro hijo crecer y llegar a ser hombre sólo para ser acusado falsamente, abandonado, azotado, y golpeado hasta la muerte. Sin embargo, María le había entregado todo a Dios cuando se le apareció el ángel con la noticia de su embarazo.

Ella también tenía las promesas de Dios: "Y le pondrás por nombre Jesús. Este será grande y será llamado Hijo del Altísimo; y el Señor Dios le dará el trono de su padre David; y reinará sobre la casa de Jacob para siempre, y su reino no tendrá fin" (Lucas 1:31-33). Su nombre era Jesús, el Mesías, el "Cordero de Dios que quita el pecado del mundo" (Juan 1:29). Para cumplir el propósito de Dios para Él tenía que morir de una manera específica, según la Palabra de Dios. Sólo con la fe y el poder del Espíritu Santo, María fue capaz de entregar a su hijo a morir en la cruz, porque ella sabía que la Palabra de Dios no puede ser vencida por las artimañas del enemigo. María sabía que Dios cumpliría lo que había dicho: Jesucristo vencería la muerte y la tumba de una vez y para siempre.

Muchas veces, Dios obra en nuestras vidas de maneras difíciles de entender. Con nuestra vista limitada de la eternidad, nos parece imposible que las cosas puedan terminar bien. Desafortunadamente, nuestra tendencia es cuestionar, amargarnos o incluso darle la espalda a Dios cuando las cosas van como pensamos que deben. La pregunta que tenemos que hacernos hoy es, ¿creemos que Sus palabras son verdaderas y se cumplen? Si respondemos con un sí y entregamos nuestros planes a Dios, también nosotros seremos muy favorecidos, el Señor estará con nosotros, y seremos bendecidos. ¡Seremos hijos muy favorecidos de Dios!

1. Busca Romanos 11:33-36, y escribe aquí lo que dice acerca de Dios.

2. ¿Qué de Romanos 11:33-36 te puede ayudar cuando vienen situaciones que no parecen tener sentido?

3. Lee Efesios 3:20. ¿Qué te puede ayudar cuando la situación parece ser imposible?

DÍA 2: LA VIDA DE JONÁS

Por el resto de esta semana estudiaremos a Jonás. Pasa un tiempo en oración y luego, con la misma actitud de oración, lee los cuatro capítulos del libro de Jonás. Recuerda leer con propósito, contestando las siguientes preguntas:

¿Qué aprendo yo acerca de…?

- ¿Dios/Jesús/el Espíritu Santo?

- ¿Las mentiras de Satanás?

- ¿Mi situación?

- ¿Mí mismo/mis creencias?

- ¿La verdad de la Palabra de Dios?

El Señor se sentó como Rey cuando el diluvio; sí, como Rey se sienta el Señor para siempre. El Señor dará fuerza a su pueblo; el Señor bendecirá a su pueblo con paz.

Salmo 29:10–11

¿Existe…?

- ¿Un mandato o ejemplo en el pasaje para seguir?

- ¿Una actitud que necesito confesar?

- ¿Una mentira que necesita ser reemplazada con la verdad de la Palabra de Dios?

- ¿Algo de lo cual necesito arrepentirme?

- ¿Un pecado o consecuencia que debo evitar?

- ¿Algo que necesito entregarle a Dios?

¿Qué te resalta más de la historia de Jonás?

Respóndele a Dios escribiendo una oración.

Antes de seguir con nuestro estudio sobre la vida de Jonás, sería beneficioso definir algunos términos que encontramos en el libro de Jonás. Puedes usar el diccionario o escribir en tus propias palabras el significado de las siguientes palabras.

1. ¿Qué es un ídolo? (La palabra del hebreo que se traduce como "ídolos" en Jonás 2:8 tiene la idea de un vapor).

Los que confían en vanos ídolos su propia misericordia abandonan.

Jonás 2:8

2. ¿Qué es un profeta?

Pues ninguna profecía fue dada jamás por un acto de voluntad humana, sino que hombres inspirados por el Espíritu Santo hablaron de parte de Dios.

2 Pedro 1:21

3. ¿Qué es cilicio? ¿Qué representa?

Tú has cambiado mi lamento en danza; has desatado mi cilicio y me has ceñido de alegría; para que mi alma[h] te cante alabanzas y no esté callada. Oh Señor, Dios mío, te alabaré por siempre.

Salmo 30:11–12

Los sacrificios de Dios son el espíritu contrito; al corazón contrito y humillado, oh Dios, no despreciarás.
Salmo 51:17

4. ¿Qué es el sacrificio? Puedes buscar Romanos 12:1-2 para ayudarte a responder.

He aquí, no se ha acortado la mano del Señor para salvar; ni se ha endurecido su oído para oír. Pero vuestras iniquidades han hecho separación entre vosotros y vuestro Dios, y vuestros pecados le han hecho esconder su rostro de vosotros para no escucharos.
Isaías 59:1–2

5. ¿Qué es el pecado?

Pero la hora viene, y ahora es, cuando los verdaderos adoradores adorarán al Padre en espíritu y en verdad; porque ciertamente a los tales el Padre busca que le adoren. Dios es espíritu, y los que le adoran deben adorarle en espíritu y en verdad.
Juan 4:23–24

6. ¿Qué es la adoración?

DÍA 3: LA ENTREGA DE JONÁS

Nínive era la ciudad más grande del mundo en el tiempo de Jonás, y como capital de un imperio dominante, seguro que era intimidante ir allá. También, los habitantes de Nínive eran sumamente malvados y enemigos de Israel. Pero debido al amor de Dios para todo el mundo, Dios mandó a Su profeta Jonás ir a esta ciudad de paganos gentiles, con el propósito de llamar al pueblo al arrepentimiento y recibir la salvación.

Sin embargo, Jonás sabía de los hechos horribles de los ninivitas y él deseaba el castigo de Dios para ellos, no su salvación. Conociendo el corazón de Jonás, Dios le habló y le dijo dos cosas: Primero, "Levántate, ve a Nínive, la gran ciudad", y segundo, "proclama contra ella, porque su maldad ha subido hasta mí" (Jonás 1:2). En otras palabras, Dios le dijo a Jonás: Ve a esta ciudad y expón su pecado, llama al pueblo a arrepentirse, y dale a los ninivitas una oportunidad de recibir la salvación. El final del versículo dos es un buen ejemplo del carácter de *El Roi*, "el Dios que ve". La maldad de ningún hombre se esconde de Dios; Él ve todo, y el pecador puede llegar al punto de requerir un regaño o castigo específico de Dios.

En lugar de someter su voluntad a Dios y obedecerle, Jonás escogió huir a Tarsis (ver 1:3).

1. ¿Alguna vez el Señor te ha dicho que hagas algo que no quieres hacer? Explica.

2. A veces, no nos gusta lo que Dios nos llama a hacer. Si somos honestos, preferimos huir cuando nos toca perdonar y amar a las personas que no lo merecen, o no confiar en Dios cuando las cosas no parecen tener sentido. ¿Cómo intentó huir Jonás del llamado de Dios según Jonás 1:3?

3. Jonás fue asignado a hacer algo difícil, algo que era imposible en sus propias fuerzas. ¿Qué dice Nahúm 3:1-4 de los habitantes de Nínive?

A. ¿Por qué crees que Jonás no quiso hacer lo que le había mandado el Señor?

B. Posiblemente te parece razonable la desobediencia de Jonás considerando la maldad de los habitantes de Nínive, pero esto no lo justifica. ¿Estás justificando tu desobediencia al mandato de Dios de perdonar, amar o aceptar a los demás, porque has sido una víctima del pecado? Explica.

4. ¿Es diferente el mandato de Dios a Jonás del mandamiento que nos da a nosotros en Mateo 28:19-20? Explica.

¡Oh, profundidad de las riquezas y de la sabiduría y del conocimiento de Dios! ¡Cuán insondables son sus juicios e inescrutables sus caminos! Pues, ¿quién ha conocido la mente del Señor?, ¿o quién llegó a ser su consejero?, ¿o quién le ha dado a Él primero para que se le tenga que recompensar? Porque de Él, por El y para El son todas las cosas. A Él sea la gloria para siempre. Amén.

Romanos 11:33–36

Jonás decidió ir lo más lejos posible para escapar del llamado de Dios y Su presencia. Encontró un barco que iba para Tarsis, un lugar considerado el fin del mundo y en dirección opuesta a Nínive. Jonás permitió que su amargura, su miedo, y también su sentido común dictaran sus decisiones en lugar de obedecer y confiar en Dios. Jonás 1:3 nos dice que él "pagó el pasaje".

Aunque Jonás tenía la libertad de salir de la voluntad de Dios, él pagó también por esa decisión. Él sufrió unas consecuencias severas. El lugar más seguro es estar dentro de la voluntad de Dios. Su Palabra es nuestra guía siempre y no debemos apartarnos de ella ni por necesidad, ni por comodidad ni por circunstancias difíciles. Cuando inventamos excusas para no obedecer a Dios, estamos huyendo de Él. Huir de Dios nunca trae beneficios, siempre es inútil y puede ser peligroso.

5. ¿Qué dice el Salmo 139:7-10 acerca de huir de la presencia de Dios?

6. Cuando pensamos en Jesucristo, nos lo imaginamos calmando tormentas. Pero ¿qué hizo Dios cuando Jonás quiso huir de Su presencia según Jonás 1:4?

Una tormenta es solamente como el exterior de su manto, el síntoma de Su venida, el acercamiento de Su presencia.

F. B. Meyer

Cuando Jonás se embarcó para Tarsis, huyendo de la presencia del Señor, "el Señor desató sobre el mar un fuerte viento, y hubo una tempestad tan grande en el mar que el barco estuvo a punto de romperse" (1:4). Los marineros paganos tuvieron miedo y comenzaron a clamar a sus dioses, y a arrojar la carga por la borda del barco para aligerarlo. Estos marineros paganos eran religiosos, pero sólo un hombre a bordo del barco tenía una relación con el verdadero Dios vivo. A través de la tormenta, Dios estaba llamando a Jonás. Él conocía a su Dios. Conocía la Palabra de Dios, y lo adoraba. Pero en este momento de apatía, en medio de todo el peligro que lo asechaba, "Jonás había bajado a la bodega del barco, se había acostado y dormía profundamente" (1:5).

7. ¿Cómo exhorta Romanos 13:11-14 a los creyentes?

A nuestro alrededor hay tumulto y tormenta, sin embargo, algunos que profesan ser cristianos son capaces, como Jonás, de irse a dormir al interior de la nave. Yo quiero hombres de severa resolución, porque ningún cristiano está despierto, a menos que esté firmemente determinado a servir a su Dios, pase lo que pase.

C. H. Spurgeon

En Jonás 1:7-10 leemos que los marineros decidieron echar suerte para encontrar la fuente de sus problemas, y la suerte cayó sobre Jonás. Los marineros interrogaron a Jonás, y ellos "sabían que él huía de la presencia del Señor, por lo que él les había declarado". Jonás pertenecía a Dios y aunque él estaba huyendo del llamado de Dios en su vida, Él lo persiguió. Es irónico que los marineros insistieran que Jonás clamara a su Dios cuando el motivo de Jonás de estar en ese barco era para huir de Dios. Jonás conocía a su Salvador, pero aun necesitaba ser salvado.

Es importante entender que Dios no nos está castigando cuando nos encontramos con tormentas en nuestras vidas. Jesús tomó nuestro castigo cuando murió en la cruz. En realidad, lo que Dios quiere hacer a través de la tormenta es librarnos de las cosas que nos apartan de Él. Con esta tormenta, Dios trataba de enseñarle a Jonás a soltar sus derechos y entregarse totalmente al llamado de Dios.

8. ¿Hay algo en tu vida que necesitas entregarle a Dios? Explica.

9. Jonás les dijo a los marineros: "Tomadme y lanzadme al mar, y el mar se calmará en torno vuestro, pues yo sé que por mi causa ha venido esta gran tempestad sobre vosotros" (1:12). Cuando lo lanzaron al mar; y el mar cesó su furia, y los marineros paganos de Fenicia, "temieron en gran manera al Señor", el miedo que tenían del mar se había convertido en temor a Dios. Así que "ofrecieron un sacrificio al Señor y le hicieron votos" (1:15-16). En otras palabras, ¡parece que los marineros de Fenicia fueron convertidos! Compara eso con lo que Dios dice en Génesis 50:20.

¡Sólo estar bien con Dios llenará tu alma hasta desbordar!

Margaret Ashmore

DÍA 4: PERMITIR QUE LA CRUZ IMPACTE NUESTRAS VIDAS DIARIAS

A veces requiere pasar por la oscuridad y confusión sin dirección, esperanza o consuelo para que nos entreguemos por completo a Dios. Cuando los marineros lanzaron a Jonás al mar, la tormenta para ellos terminó. Pero para Jonás se empeoró. En Jonás 1:17 se nos dice que "el Señor dispuso un gran pez que se tragara a Jonás; y Jonás estuvo en el vientre del pez tres días y tres noches". Requirió tres días en peligro de muerte en las profundidades del mar antes de que Jonás por fin entregara su voluntad a Dios y clamara a Él en oración.

1. ¿Qué ha usado Dios para llamarte la atención en medio de tus tormentas?

2. ¿A quién acudes por ayuda?

3. Jonás 2:1 describe que "entonces oró Jonás al Señor su Dios desde el vientre del pez". Termina la siguiente declaración de Jonás 2:2:

En mi angustia clamé al Señor,

_____   _____

_____   _____.

Desde el seno del Seol pedí auxilio,

_____   _____

_____   _____

_____.

4. Busca los siguientes versículos y escribe cómo Dios responde cuando clamamos a Él.

Salmo 3:3-4:

Salmo 30:2:

Salmo 138:3:

5. ¿Hay algo que no te permite responder al llamado de Dios? Y si es así, ¿qué es?

6. Lee Jonás 2:3-6, y escribe una lista de las circunstancias de Jonás.

A. Como Jonás, podemos *sentirnos* abandonados por Dios, pero cuando nos abruman estos sentimientos de abandono, ¿qué debemos hacer? Según Jonás 2:4, ¿cómo respondió Jonás inicialmente a sus sentimientos?

B. Cuando la conciencia de Jonás se abrió a la presencia de Dios, él tomó la decisión de no ser controlado por sus emociones. Lee Jonás 2:7. ¿Qué hizo Jonás?

7. En Jonás 2:8 que sigue abajo, subraya aquello que abandonamos cuando no acudimos al Señor por ayuda.

Los que confían en vanos ídolos su propia misericordia abandonan.

En nuestro caminar con Dios, hay momentos cuando la cruz de Jesús a veces tiene más impacto en nuestras vidas que en otros. Eso pasa a menudo en los momentos difíciles, ya sean causados por nuestros pecados o los pecados de otros.

La cruz representa la muerte, pero también representa la victoria. Cuando Jesús estaba en la cruz, Él exclamó: "¡Consumado es!" (Juan 19:30). Con un acto de entrega completo, Él pagó el precio de nuestros pecados. Venció la muerte y la tumba por todos nosotros. Cuando miramos a la cruz nos recuerda que nosotros también tenemos que *morir a nuestro ego*, y entregarnos completamente a Jesucristo, quien pagó el precio. Cuando la cruz impacta nuestras vidas nos toca tomar una decisión: huir o rendirnos. Podemos resistir el llamado de Dios o aceptar el camino de entrega total que lleva a la victoria en Jesucristo.

Una entrega total siempre requiere sacrificio. Por eso Pablo dijo en Romanos 12:1: "Por consiguiente, hermanos, os ruego por las misericordias de Dios que presentéis vuestros cuerpos como sacrificio vivo y santo, aceptable a Dios, que es vuestro culto racional". Como profeta, Jonás había entregado su vida a Dios, pero luego se enfrentó a circunstancias difíciles y un a mandato de Dios que no quiso obedecer. Cuando Jonás por fin llegó al final de sí mismo, y se dio cuenta que le era imposible resistir la voluntad de Dios, se recordó de los votos que había hecho como profeta de Dios. En Jonás 2:9 leemos la última parte de la oración de Jonás al Señor: "más yo con voz de acción

¿Vives débil y cargado de cuidados y temor?

A Jesús, refugio eterno, dile todo en oración.

Himno de Joseph M. Scriven

de gracias te ofreceré sacrificios. Lo que prometí, pagaré. La salvación es del Señor". Jonás tomó la decisión de morir a su propia voluntad y orgullo, y ofreció un sacrificio de alabanza y acción de gracias. Jonás reconoció la soberanía de Dios y se entregó por completo a Su voluntad, sin importar el resultado.

8. ¿Hay algo que te está estorbando, que no te deja entregarte por completo a Dios? Si es así, ¿qué es?

Regocíjense y alégrense en ti todos los que te buscan; que digan continuamente: ¡Engrandecido sea Dios!

Salmo 70:4

9. ¿Te identificas con Jonás cuando no te *gustan* las circunstancias que vienen a tu vida? ¿Qué puede pasar cuando dejas que la cruz intervenga en tu vida según Jonás 2:9-10?

Dios nunca se decepciona *de* nosotros. Él se decepciona *por* nosotros cuando nos desviamos de Su voluntad. ¡Oh, la habilidad, el poder y la influencia que pudiéramos tener si tan sólo mirásemos a Jesús en cada circunstancia! Cuánto dolor se hubiese evitado Jonás si tan sólo hubiera escuchado a Dios la primera vez.

En Jonás 3 vemos la misericordia y longanimidad de Dios. La palabra de Dios vino una segunda vez a Jonás, dándole una segunda oportunidad de responder al llamado de Dios. Esta vez, Jonás obedeció a Dios. Fue a Nínive a predicar el mensaje de Dios a aquella sociedad mala. Predicó que en cuarenta días la ciudad de Nínive sería destruida (ver Jonás 3:4). Su obediencia resultó en el arrepentimiento y la salvación de una de las ciudades más grandes, y más corruptas del mundo. En Jonás 3:10 leemos que cuando Dios vio el arrepentimiento del pueblo se arrepintió del mal que había dicho que les haría, y no lo hizo.

Jonás 4:1 dice que este acto de misericordia de parte de Dios "desagradó a Jonás en gran manera, y se enojó". De nuevo, Jonás había dejado endurecer su corazón hacia el pueblo al cual Dios le había pedido amar.

10. Imagina la gran bendición de saber que Dios te usó para salvar toda una ciudad. ¿Qué dice Jonás acerca de Dios en Jonás 4:2?

11. Lee Jonás 4:3-11. Lo que Jonás reconoció de Dios con su boca no está de acuerdo con lo que estaba en su corazón y se reflejó en sus acciones. De los versículos

3-9 del capítulo 4, haz una lista de las acciones de Jonás, teniendo en cuenta que Dios en su gran misericordia había decidido no castigar la ciudad de Nínive.

Versículo 3:

Versículo 5:

Versículo 6:

Versículo 7-8a:

Versículo 8b:

O huimos de la cruz
o morimos en ella.
A. W. Tozer

¿Qué dijo Dios a Jonás en el versículo 9?

12. ¿Alguna vez te has enojado con Dios por bendecir a alguien que a tu parecer no lo merecía? Explica.

A. Después de leer el libro de Jonás, ¿ha cambiado tu perspectiva en cuanto a la manera de Dios de bendecir a las personas que a tu parecer no lo merecen? Explica.

B. Si tus deseos, al igual que los deseos de Jonás, no están de acuerdo con el carácter de Dios, pídele que Dios te cambie el corazón. Pide Su ayuda para entregarle todo a Él, para que Su voluntad perfecta se pueda cumplir en tu vida.

Buscad la paz con todos y la santidad, sin la cual nadie verá al Señor. Mirad bien de que nadie deje de alcanzar la gracia de Dios; de que ninguna raíz de amargura, brotando, cause dificultades y por ella muchos sean contaminados.

Hebreos 12:14–15

DÍA 5: LOS NOMBRES DE DIOS

¿Por qué Dios nos pide que nos rindamos a Él? Porque, según Sus nombres, Él es digno de esta entrega. Él es un Dios celoso. Él es como un esposo que merece ser el único objeto de la devoción de su esposa. Él es nuestro Señor y amo, y Él merece nuestra obediencia y entrega total.

El Kanna—un Dios celoso

El nombre *El Kanna* describe la respuesta de Dios frente al pecado de la idolatría, que es prohibido en la vida de un creyente. El Señor Jesucristo es un Dios celoso que nos ama con un amor perfecto que es inescrutable, y Él desea que respondamos a Su amor con todo nuestro corazón. Él es fuego consumidor y destruirá todo lo que se oponga a Su santidad o compita con el amor que le debemos dar. En Deuteronomio 4:23-24, encontramos un aviso en cuanto a eso: "Guardaos, pues, no sea que olvidéis el pacto que el Señor vuestro Dios hizo con vosotros, y os hagáis imagen tallada en forma de cualquier cosa que el Señor tu Dios te ha prohibido. Porque el Señor tu Dios es fuego consumidor, un Dios celoso".

No debemos imaginarnos que el celo de Dios es como el celo de un hombre. El celo de Dios es un celo justo, para la gloria de Su nombre. Es por eso que en Éxodo 20:4-5, Dios mandó a Su pueblo a no adorar, ni servir a los ídolos, diciendo: "No te harás ídolo, ni semejanza alguna de lo que está arriba en el cielo, ni abajo en la tierra, ni en las aguas debajo de la tierra. No los adorarás ni los servirás; porque yo, el Señor tu Dios, soy Dios celoso".

1. Dios es un Dios celoso. Eso significa que Él es celoso en cuanto a cualquier cosa que aparte tu atención y devoción de Él. Lee de nuevo Éxodos 20:4-5, y escribe lo que Dios encomendó a Su pueblo a no hacer.

¿Puedes imaginar estar casado con alguien que te dice: "Haz lo quieras con quien quieras"? ¿Te sentirías amado por una persona que te diga eso? Es lo mismo con Dios. El nombre *El Kanna* muestra el amor que Dios tiene para nosotros. En otras palabras, Él es totalmente dedicado a nosotros y desea la misma clase de amor a cambio.

2. Escribe abajo los versículos de Nahúm 1:2-3. Subraya las frases del versículo dos que se relacionen con el nombre *El Kanna*, el Dios celoso.

3. Escribe el mandamiento más importante de la Biblia que se encuentra en Marcos 12:29-30.

4. ¿Qué advertencia encontramos en 1 Corintios 16:22?

5. ¿Qué dice Romanos 1:21-26 en cuanto a los que "cambiaron la gloria del Dios incorruptible por una imagen en forma de hombre corruptible" (v. 23) en lugar de glorificar al Dios creador?

6. Es importante entender que Dios no está celoso de nosotros, sino que es celoso por nuestro afecto. Dios es celoso cuando damos el primer lugar a otras personas o cosas en lugar de dárselo a Él. Pídele a Dios ahora que te muestre si estás dando el primer lugar a otra persona o cosa antes que a Él.

    A. ¿Cuál es tu mayor pasión?

B. Pasa un rato ahora mismo pidiéndole a Dios que te ayude a ponerlo siempre a Él en primer lugar.

Yo soy el Señor, ése es mi nombre; mi gloria a otro no daré, ni mi alabanza a imágenes talladas.

Isaías 42:8

7. Piensa en tu vida actual, ¿cómo respondes al hecho de que Dios es más alto que los cielos, digno de toda la sabiduría, el poder, la gloria, el honor y la alabanza, y, sin embargo, te ama tanto y busca *tu* amor?

¿Que es el hombre para que de él te acuerdes, o el hijo del hombre para que te intereses en él?

Hebreos 2:6

¡Su nombre es *El Kanna*— Su nombre es Jesús!

Adonay/Yahveh/Jehová/Yo Soy—Señor, Maestro

Adonay, un nombre paralelo a *Yahveh* o *Jehová*, es traducido "Señor". Este nombre se encuentra más de seis mil ochocientas veces en el Antiguo Testamento. Vemos este nombre en otra forma en Éxodo 3:14-15, cuando Dios se le apareció a Moisés, y dijo: "YO SOY EL QUE SOY . . . Este es mi nombre para siempre, y con él se hará memoria de mí de generación en generación". Este nombre es de autoridad, pero también tiene un aspecto personal. Nuestro Dios y Señor no es un Dios lejano sino un Dios personal y activo en nuestras vidas. Él está cerca de quienes le aman.

Lo asombroso de este nombre, "Yo Soy", es que contiene una palabra que envuelve acción (soy), del verbo *ser*. Lo que significa es que Dios es el que es y el que será. Cuando tenemos una necesidad en nuestra vida, Él será lo que tiene que ser para suplir esa necesidad. Él es la fuente que suple todas las necesidades. Romanos 11:36 dice: "Porque de Él, por Él y para Él son todas las cosas. A Él sea la gloria para siempre". ¿Puedes decir que Dios es *Yahveh/Adonay/Jehová/*YO SOY el Señor sobre todo en tu vida? Simplemente, Él es Señor de todo o no es Señor. Toma unos minutos para orar y buscarle a Él. Pídele que toque tu vida y te transforme.

1. Busca las siguientes promesas de *Yahveh* y escribe lo que más te ministra hoy.

Proverbios 3:24-26:

Proverbios 18:10:

Salmo 91:9-11:

2. ¿De qué manera te ayuda en tu vida saber que Su nombre es *Adonay/ Yahveh/Jehová/*Yo Soy?

> *Si crees en un Dios que controla las cosas grandes, tienes que creer en un Dios que controla las cosas pequeñas.*
> **Elisabeth Elliot**

¡Su nombre es *Adonay/Yahveh/Jehová/*Yo Soy—
Su nombre es Jesús!

Repaso de los nombres de Dios

1. Jesús es *El Kanna*—un Dios celoso. ¿De qué manera, saber que Jesús es celoso por tu afecto impacta tu vida hoy?

2. Jesús es *Adonay/Yahveh/Jehová/*Yo Soy—Señor y Maestro. ¿Cómo te ayuda a entregar a Dios cada situación de tu vida, el conocer a Jesús como *Adonay*?

3. ¿Con cuáles de los personajes que estudiamos esta semana te identificas más: María, José o Jonás? ¿Por qué?

Su nombre es *Elohím*—Dios nuestro creador.

Su nombre es *El Elyón*—Dios Altísimo.

Su nombre es *El Shadai*—Dios Todopoderoso, nuestro guardián, el que cuida la puerta.

Su nombre es *Jehová Tsidkenu*— El Señor nuestra justicia.

Su nombre es *El Nasa*—El Dios que perdona.

Su nombre es *El Ahavát*—El Dios que nos ama.

Su nombre es *Jehová Rafa*—El Dios que nos sana.

Su nombre es *Jehová Yireh*—El Señor proveedor.

Su nombre es *El Kanna*—un Dios celoso.

Su nombre es *Adonay/Yahveh/Jehová/*Yo Soy—

Señor y Maestro.

¡Su nombre es Jesús!

De la oración que pide protección

De los vientos que sobre Ti golpearon

De temer cuando debería aspirar

De vacilar cuando debo ascender

Del cómodo yo, libra, oh Capitán

Al soldado que va de ti en pos.

Del deseo sutil de buscar lo suave,

De las elecciones fáciles, debilitadoras,

No es así que el espíritu se fortalece

Ni el camino que el Señor anduvo

De todo lo hace luminoso el Calvario

¡Oh Cordero de Dios libérame!

Dame el amor que guía el camino

La fe que nada hace desmayar,

La esperanza que ninguna desilusión cansa,

La pasión que arde como fuego,

No me permitas que me hunda, para ser un terrón:

Hazme Tu combustible, llama de Dios.

Amy Carmichael

EL TOQUE TRANSFORMADOR QUE PRODUCE CONFIANZA

Confía en el Señor con todo tu corazón, y no te apoyes en tu propio entendimiento. Reconócele en todos tus caminos, y Él enderezará tus sendas.

Proverbios 3:5-6

DÍA 1: CONFIAR EN DIOS

Muchas personas preguntan: ¿Si Dios es bueno, por qué le suceden cosas malas a personas buenas? La verdad es que Dios es totalmente bueno. Santiago 1:17 nos dice que "toda buena dádiva y todo don perfecto viene de lo alto, desciende del Padre de las luces, con el cual no hay cambio ni sombra de variación". Pero el hecho de que el mundo se encuentre en un estado caído, por el pecado de Adán, significa que los pecados de las demás personas nos afectan de manera negativa. Dios siempre respeta el libre albedrío del hombre, por eso le suceden cosas malas a "gente buena".

Sin embargo, porque Dios es bueno, Él siempre extraerá algo bueno de lo malo. En Santiago 1:12 nos dice que somos bendecidos cuando pasamos por tentaciones. Cuando resistimos la tentación, ese deseo fuerte por cosas que no le agradan a Dios, recibiremos la corona de la vida, una recompensa eterna.

A medida que enfrentamos tentaciones en nuestras

vidas, es vital reconocer que no provienen de Dios porque "Dios no puede ser tentado por el mal y Él mismo no tienta a nadie". Más bien, como Santiago nos explica: "cada uno es tentado cuando es llevado y seducido por su propia pasión. Después, cuando la pasión ha concebido, da a luz el pecado; y cuando el pecado es consumado, engendra la muerte" (Santiago 1:13-15). Aunque Dios no tienta, Él sí nos pone a prueba. La diferencia entre una tentación y una prueba es el propósito: Satanás nos tienta para llevarnos al fracaso y a la esclavitud. Dios nos prueba para hacernos crecer y depender más de Él.

En ti, oh Señor, me refugio; jamás sea yo avergonzado; líbrame en tu justicia. Inclina a mí tu oído, rescátame pronto; sé para mí roca fuerte fortaleza para salvarme.
Salmo 31:1–2

Independientemente de nuestras pruebas, es vital en dónde depositamos nuestra confianza. En Juan 5 leemos de un hombre que había estado enfermo por más de treinta y ocho años, sin poder caminar. Él había puesto su confianza en el lugar equivocado. Este hombre, cuyo nombre la Biblia no dice, se iba todos los días al estanque llamado Betesda. Juan 5:4 nos dice que "un ángel del Señor descendía de vez en cuando al estanque y agitaba el agua; y el primero que descendía al estanque después del movimiento del agua, quedaba curado de cualquier enfermedad que tuviera". Este hombre deseaba ser sanado, pero sólo pensaba en cómo meterse al estanque. Desafortunadamente él había puesto su confianza en el estanque y no en Aquel que le podía sanar.

Cuando Jesús llegó a aquel lugar, se le acercó al hombre y le hizo una pregunta importante: "¿Quieres ser sano?" (Juan 5:6). La respuesta de este hombre es interesante: "Señor, no tengo a nadie que me meta en el estanque cuando el agua es agitada; y mientras yo llego, otro baja antes que yo" (v. 7).

Cuando Jesús le preguntó al hombre enfermo: "¿Quieres ser sano?", el hombre estaba tan enfocado en el estanque y sus propias limitaciones que no captó la importancia de la pregunta. Quizá este hombre estaba cómodo en su estado de enfermedad; quizá su condición se había convertido en parte de su identidad. Quizá no estaba cómodo con su situación pero no sabía cómo mejorarla. Sea lo que sea que fuese la razón, el hombre no respondió a la pregunta, sino que respondió con una excusa. Pero "Jesús le dijo: Levántate, toma tu camilla y anda. Y al instante el hombre quedó sano, y tomó su camilla y echó a andar" (v. 8-9).

¡Qué increíble demostración de la misericordia de Dios! Aunque él había puesto su fe en un estanque de agua, Jesús le extendió la mano y le ofreció una libertad verdadera que sólo viene cuando pones la fe en Dios. No importa con qué estemos luchando, tenemos que tomar la decisión de ser sanados. Tenemos que estar dispuestos a entregar todo y confiar totalmente en Jesús. Al igual que el hombre enfermo en el estanque, Jesús nos está preguntando: "¿Quieres ser sano?"; y: "¿Confías en mí?".

El mundo donde vivimos está lleno de pecado y no hay ninguna persona que sea inmune al pecado. El pecado se manifiesta de muchas maneras, pero siempre produce dolor, angustia y sufrimiento. Los efectos del pecado nos pueden hacer daño en maneras que nunca imaginábamos. No importa si es nuestro pecado o el pecado de otros, los efectos de estos pueden mantenernos cautivos.

Quizá has tomado malas decisiones en el pasado y como resultado has experimentado consecuencias difíciles. Tienes que arrepentirte de estas malas decisiones y entregárselas a Jesús para que Él te pueda perdonar. Si

Probad y ved que el Señor es bueno. ¡Cuán bienaventurado es el hombre que en El se refugia!
Salmo 34:8

no lo haces, el enemigo te condenará por tus decisiones del pasado. El problema con cualquier herida del corazón es que, si no se sana, se convierte en una infección de las mentiras del enemigo, que te llevará a la negación, ira, culpa, amargura, ansiedad, depresión, desesperación, angustia, vergüenza, condena y mucho más. Estos efectos negativos se arraigan en nuestros corazones, ahogando la verdad plantada allí. También es importante recordar que nuestras vidas siempre afectan a las demás personas, aunque no nos demos cuenta. Jesús nos está preguntando: "¿Quieres ser sano?". Si queremos ser sanos, tenemos que adueñarnos de la situación y pedirle a Dios que nos perdone, para que nos pueda sanar.

Es fácil entender cómo nuestros pecados pueden traer consecuencias sobre nosotros mismos. Pero ¿qué pasa cuando sufrimos las consecuencias del pecado de otras personas? Cuando pasa esto es fácil cuestionar la situación y llenarnos de amargura. A veces, cuando hemos sufrido por el pecado de otra persona creemos la mentira que lo merecíamos o que Dios nos está castigando. Pero esto no es verdad. Dios nos ama y Él quiere que nosotros confiemos en Él, con las consecuencias y las emociones subsecuentes que experimentamos como resultado del pecado de otra persona.

El dolor, la ira y la tristeza no son pecados. Pero aun cuando la ira y el dolor son justificados, estas emociones pueden convertirse en pecado si no tratamos con ellas. Hebreos 12:15 dice: "Asegúrense de que nadie deje de alcanzar la gracia de Dios; de que ninguna raíz amarga brote y cause dificultades y corrompa a muchos" (NVI). Si no tratamos con los dolores de la vida de la manera que

> *Puedes tomar una de tres opciones cuando te enfrentes a una situación difícil debido a tu desobediencia. Puedes culpar a Dios u otra persona por tus problemas y tratar de encubrir tu pecado; puedes renunciar y volver a tu antigua vida pecaminosa; o puedes levantarte, asumir la responsabilidad de tus acciones, ver el perdón de Dios y confiar en Él.*
>
> **Warren W. Wiersbe**

Dios quiere, si no los entregamos a Él, nos llenaremos de ira. Y la ira, si se deja sin tratar, eventualmente se convertirá en amargura, que actúa como un veneno en nuestras vidas. Este veneno es tóxico, no sólo para nosotros sino también para las personas a nuestro alrededor. La amargura puede causar depresión, ansiedad, explosiones de ira y muchos otros efectos que nos apartan de la vida abundante que Dios tiene para Sus hijos.

En Marcos 3:5, Jesús se entristeció en Su espíritu y se enojó. Pero en Su enojo, no pecó. Él le entregó Su enojo a Dios y se enfocó en hacer lo bueno: sanó al hombre de la mano paralizada. Efesios 4:26-27 dice: "Airaos, pero no pequéis; no se ponga el sol sobre vuestro enojo, ni deis oportunidad al diablo". Nota que Pablo no dice que no debemos enojarnos; en cambio dice que en el enojo no debemos pecar. Dios nos creó con emociones, pero Él sabe que si nos aferramos de la ira, destruirá el gozo del Señor en nosotros, y destruirá también nuestro testimonio del evangelio. El pecado nos separa de Dios. Si nos aferramos al pecado es como construir un muro entre Dios y nosotros. Como nosotros mismos construimos el muro; derribarlo también nos pertenece a nosotros.

La semana pasada vimos que uno de los nombre de Dios es *Yahveh*, el Yo Soy, que también significa Señor, Maestro, Amo. Nada puede tocar nuestras vidas que sea demasiado difícil para el gran Yo Soy. Efesios 1:11 nos dice que Jesús es el que "obra todas las cosas conforme al consejo de su voluntad". Romanos 8:28 también nos da una gran esperanza como hijos de Dios: "Sabemos que para los que aman a Dios, todas las cosas cooperan para bien, esto

> *La mano del Señor no es corta para salvar, ni es sordo su oído para oír. Son las iniquidades de ustedes las que los separan de su Dios. Son estos pecados los que lo llevan a ocultar su rostro para no escuchar.*
> **Isaías 59:1–2, NVI**

es, para los que son llamados conforme a su propósito". Si decidimos confiar en Dios, Él usará cualquier cosa mala que entre en nuestra vida para nuestro bien y para Su gloria; la usará para sanarnos, redimirnos y liberarnos. Como Juan 8:36 dice: "Así que, si el Hijo os hace libres, seréis realmente libres".

Pídele a Dios que te revele cualquier amargura o ira que estás guardando hacia otra persona. Si es así, trata de inmediato con estas emociones. Entrégale al Señor estas emociones para que el diablo no tenga poder sobre ti. Comprométete a orar por esa persona que te ha causado dolor, a ti o a tus seres queridos, confiando que Dios usará la situación para Su gloria. Sin importar la causa de tu necesidad, puedes confiar en el Dios que te ve. Él está contigo, y Él sanará las heridas de tu corazón, si tan sólo le permites hacerlo. Cuando entregas tu vida a Dios, Él usará todo lo que venga a tu vida para bien.

Al terminar el estudio de hoy, pasa algunos momentos en oración. Pídele al Señor que te revele las personas o circunstancias que están afectando tu vida de una forma negativa. Pídele que te muestre también cómo estás afectando de una forma negativa las vidas de las personas que están a tu alrededor. Abajo escribe lo que el Señor te muestre.

> *La razón por la cual muchos todavía están preocupados, todavía buscan, todavía logran poco progreso es porque todavía no han llegado al final de sí mismos. Todavía estamos tratando de dar órdenes, e interferir con la obra de Dios dentro de nosotros.*
>
> **A. W. Tozer**

DÍA 2: CONFIAR EN LA OBRA PERFECTA
DE JESUCRISTO

Cuando Jesús estaba en la cruz, Sus últimas palabras fueron "¡Consumado es!" (Juan 19:30). Esta frase es la traducción de una palabra griega, *tetelestai*, que significa: "Cancelar una deuda o completar algo". Es equivalente a un grito de victoria. En otras palabras, Jesús completó Su propósito de venir en carne a pagar la deuda de nuestro pecado. Jesús terminó la obra de reconciliarnos con Dios a nuestro favor, satisfaciendo totalmente la ira de Dios. Esto es el cumplimiento poderoso de Isaías 53:3-5:

Fue despreciado y desechado de los hombres, varón de dolores y experimentado en aflicción, y como uno de quien los hombres esconden el rostro, fue despreciado, y no le estimamos.

Ciertamente Él llevó nuestras enfermedades, y cargó con nuestros dolores; con todo, nosotros le tuvimos por azotado, por herido de Dios y afligido.

Más Él fue herido por nuestras transgresiones, molido por nuestras iniquidades. El castigo, por nuestra paz, cayó sobre Él, y por sus heridas hemos sido sanados.

1. ¿Qué dicen los siguientes pasajes en cuanto al pecado y lo que Dios ha hecho para rectificarlo?
   Juan 1:29:

Romanos 3:23-26:

Tito 2:14:

2. Lee 1 Timoteo 1:15-16. ¿Qué verdad importante aprendió Pablo de sí mismo?

3. ¿Cuál es el efecto del pecado según Isaías 59:1-2?

4. ¿Cuál es la paga del pecado según Romanos 6:23a?

A. ¿Qué contraste encontramos en Romanos 6:23b?

B. Según Romanos 6:23, ¿de qué manera debes ver a aquellos cuyo pecado te ha afectado?

5. Lee los siguientes pasajes para descubrir qué puedes hacer en cuanto al pecado.

Hechos 3:19:

1 Juan 1:9:

Pero, amados, no ignoréis esto: que para el Señor un día es como mil años, y mil años como un día. El Señor no se tarda en cumplir su promesa, según algunos entienden la tardanza, sino que es paciente para con vosotros, no queriendo que nadie perezca, sino que todos vengan al arrepentimiento.

6. ¿Qué verdad encuentras en Hebreos 4:15-16 que te ayuda en tus circunstancias hoy?

2 Pedro 3:7–9

Porque no tenemos un sumo sacerdote que no pueda compadecerse de nuestras flaquezas, sino uno que ha sido tentado en todo como nosotros, pero sin pecado. Por tanto, acerquémonos con confianza al trono de la gracia para que recibamos misericordia, y hallemos gracia para la ayuda oportuna.

DÍA 3: LA VIDA DE JOSÉ

Para los que creemos en Jesucristo, nuestras vidas no nos pertenecen. Jesús pagó en total el castigo de nuestros pecados y nosotros ahora le pertenecemos. Él tiene planes de bien para nuestras vidas, así que podemos confiar en Él. Este concepto se puede ver en la vida de José, el hijo undécimo de Jacob.

Pasa un tiempo hoy con una actitud de oración leyendo los capítulos 37 al 50 de Génesis. Lee con el propósito de responder a las siguientes preguntas:

¿Qué aprendo yo acerca de…?

- ¿Dios/Jesús/el Espíritu Santo?
- ¿Las mentiras de Satanás?
- ¿Mi situación?
- ¿Mí mismo/mis creencias?
- ¿La verdad de la Palabra de Dios?

¿Existe…?

- ¿Un mandato o ejemplo en el pasaje para seguir?
- ¿Una actitud que necesito confesar?
- ¿Una mentira que necesita ser reemplazada con la verdad de la Palabra de Dios?
- ¿Algo de lo cual necesito arrepentirme?

- ¿Un pecado o consecuencia que debo evitar?
- ¿Algo que necesito entregarle a Dios?

Escribe abajo lo que descubriste.

Responde a Dios escribiendo una oración.

Para conceder que a los que lloran en Sion se les dé diadema en vez de ceniza, aceite de alegría en vez de luto, manto de alabanza en vez de espíritu abatido; para que sean llamados robles de justicia, plantío del Señor, para que El sea glorificado.

Isaías 61:3

Los diez hermanos mayores de José lo vieron como un niño malcriado, un calumniador que siempre traía un reporte malo a su padre Jacob. Ese tipo de comportamiento, combinado con el favoritismo obvio de Jacob hacia José, causó celos en los hermanos mayores. Ellos rechazaban a José hasta el punto de odiarlo. Para empeorar las cosas, José comenzó a contar sus sueños a sus hermanos; sueños proféticos donde José un día sería el señor sobre toda su familia. El odio de los hermanos siguió creciendo hasta al punto de hacer un plan para matarlo en el desierto. Rubén, el hermano mayor se opuso a este plan y salvó la vida de José. Pero Judá, otro de sus hermanos, vendió a José como esclavo. Cuando Rubén se enteró, estuvo muy enojado.

Después de llevar a cabo este plan terrible contra José, los hermanos regresaron a su padre y lo engañaron con la túnica, haciéndole pensar que los animales habían matado a su hijo preferido. El dolor insoportable que sufrió Jacob, su padre, no tuvo ningún efecto en los otros hermanos. Ellos permanecieron con el engaño por los próximos veintidós años. Los hermanos de José lo vendieron a unos ismaelitas, quienes, a su vez, lo vendieron a Potifar, un oficial del faraón egipcio y capitán de la guardia. José probablemente tenía unos diecisiete años en ese momento. Aunque él tenía el derecho de estar enojado con sus hermanos y las circunstancias, no lo estuvo. En cambio, se destacó en su trabajo y llegó a ser el siervo más confiable, hasta estar a cargo de toda la casa. Dios dio gracia a José delante de Potifar, y José prosperó.

Pero la esposa de Potifar trató de seducir a José. Cuando él la rechazó, ella lo acusó falsamente de intento de violación. José era completamente inocente, pero Potifar le creyó a su esposa, y echó a José en la cárcel.

Cuando José estaba en la cárcel, interpretó los sueños de dos presos. Ambas interpretaciones fueron verdaderas y uno de los hombres fue liberado y restaurado a su posición de copero del faraón. Dos años después, cuando el faraón tuvo un sueño, el copero se acordó de José y su habilidad de interpretar sueños, y le dijo al faraón. El faraón mandó a llamar a José, y le contó su sueño. Dios le dio a José la interpretación del sueño. José le dijo al faraón que venían siete años de abundancia y después siete años de escasez. José aconsejó al faraón acumular grano en el tiempo de abundancia para prepararse para los años de escasez. El faraón reconoció que el joven judío tenía mucha sabiduría y lo nombró gobernador de Egipto, segundo en poder después del faraón.

Con el tiempo, todo el mundo conocido fue afectado por la hambruna, incluyendo a Canaán y la familia de José. Su padre, Jacob, mandó a los diez hermanos mayores a Egipto a comprar grano; sólo el hermano menor, Benjamín, se quedó en Canaán. Al llegar a Egipto, los hermanos se encontraron con José, pero no lo reconocieron. Los hermanos de José se arrodillaron delante de él, cumpliéndose la profecía del sueño. José después reveló su identidad a sus hermanos y los perdonó por todo lo que le habían hecho. Jacob y su familia se mudaron a Egipto para estar con José; y los descendientes de Jacob se quedaron en Egipto por los siguientes cuatrocientos años hasta el tiempo de Moisés.

La historia de José nos muestra, de una manera extraordinaria, cómo Dios siempre tiene el control y usa todo para completar Su plan en la vida de Su pueblo. Como dice en Romanos 8:28: "Y sabemos que para los que aman a Dios, todas las cosas cooperan para bien, esto es, para los que son llamados conforme a su propósito".

Cuando José reveló su identidad a sus hermanos, él habló del pecado de ellos de esta manera: "Pero ahora, por favor no se aflijan más ni se reprochen el haberme vendido, pues en realidad fue Dios quien me mandó delante de ustedes para salvar vidas . . . Fue Dios quien me envió aquí, y no ustedes" (Génesis 45:5, 8, NVI). Después, José otra vez habló con sus hermanos, diciéndoles: "Es verdad que ustedes pensaron hacerme mal, pero Dios transformó ese mal en bien" (Génesis 50:20, NVI). Aunque José sufrió mucho, él confió en Dios en medio de las circunstancias difíciles y pudo ver la mano de Dios en su vida.

Nosotros también podemos confiar en Dios y estar seguros de que en Él todas las cosas cooperan para bien. Los planes más malvados del hombre nunca pueden dañar el plan perfecto de Dios.

1. Lee Génesis 37:18. La Escritura dice que Dios ve todas las cosas; entonces, ¿por qué Dios permitió a José pasar por circunstancias difíciles, sufrir, ser traicionado por sus hermanos, perder su familia y su hogar?

2. Según Génesis 37:21, ¿cómo usó Dios a Rubén para salvar la vida de José?

3. ¿Puedes nombrar las personas que usó Dios para preservar Su plan para tu vida? No olvides las personas que te hicieron mal, pero Dios lo usó para bien.

4. ¿Cómo te puede ayudar Isaías 55:8-9 cuando pases por momentos difíciles?

5. ¿Cuál es la prueba mencionada en Génesis 39:2 de que Dios estaba "con José"?

6. Lee Hebreos 13:5. ¿Puedes recordar un momento cuando Dios estaba contigo? ¿Cómo manifestó Su fidelidad en tu situación?

En Él también hemos obtenido herencia, habiendo sido predestinados según el propósito de aquel que obra todas las cosas conforme al consejo de su voluntad.

Efesios 1:11

7. Según Génesis 39:9, ¿cómo contestó José a la esposa de Potifar cuando ella dijo: "Acuéstate conmigo" (v. 7)?

A. Según 1 Juan 3:4, ¿qué es el pecado?

B. La infracción a la ley es lo mismo que romper la ley. ¿Quién escribió la ley?

> *El que encubre sus pecados no prosperará, más el que los confiesa y los abandona hallará misericordia.*
> **Proverbios 28:13**

C. Pensando en quien escribió la ley, ¿contra quién pecamos cuando rompemos la ley?

DÍA 4: EL DISCERNIMIENTO DE JOSÉ

La vida de José parece ser una secuencia de injusticas y eventos de victimización. Sus hermanos conspiraron contra él, fue sacado de su casa en contra de su voluntad, vendido como esclavo, acusado falsamente y encarcelado injustamente. Con todo esto, hubiera sido fácil para José cuestionar a Dios, dudar de Su bondad, culpar a otras personas o quizá pensar que él había cometido un pecado y merecía todo esto como un castigo. Sin embargo, José pareció tener un entendimiento del carácter de Dios que le ayudó no sólo a soportar las situaciones difíciles sino a prosperar en cualquier circunstancia que se encontrara. José pudo ver sus circunstancias y cómo Dios usó todo para Su plan perfecto.

1. Lee de nuevo Génesis 45:5. Después de que José reveló su identidad a sus hermanos, ¿cómo habló con ellos de sus pecados? ¿Qué actitud mostró hacia ellos?

2. ¿Cómo piensas que fue posible que él pudo tener esta actitud?

Por lo demás, hermanos, todo lo que es verdadero, todo lo digno, todo lo justo, todo lo puro, todo lo amable, todo lo honorable, si hay alguna virtud o algo que merece elogio, en esto meditad. Lo que también habéis aprendido y recibido y oído y visto en mí, esto practicad, y el Dios de paz estará con vosotros.

Filipenses 4:8–9

3. La ley de las consecuencias es interesante. Vivimos consecuencias en todo lo que hacemos: nuestras acciones, palabras y pensamientos. ¿Qué nos manda a considerar Hageo 1:7?

A. Busca Gálatas 6:7-9, y escribe los versículos en el espacio abajo.

B. Escribe una oración en respuesta a este pasaje.

4. A veces nos quedamos con la identidad de víctima, y eso afecta cómo vemos la vida. Aun si las acciones de otra persona te han afectado de una manera terrible, es importante recordar que "todos pecaron y no alcanzan la gloria de Dios" (Romanos 3:23). Lee 1 Corintios 4:4-5 escrito abajo, y escribe lo que más te resalte de las palabras de Pablo.

> Porque aunque la conciencia no me remuerde, no por eso quedo absuelto; el que me juzga es el Señor. Por lo tanto, no juzguen nada antes de tiempo; esperen hasta que venga el Señor. Él sacará a la luz lo que está oculto en la oscuridad y pondrá al descubierto las intenciones de cada corazón. Entonces cada uno recibirá de Dios la alabanza que le corresponda. (NVI)

5. ¿De qué manera piensas que has sido la victima?

A. ¿Crees que has sido totalmente inocente en tu situación? Explica.

B. Si no es así, ¿qué papel desempeñaste en las consecuencias que estás experimentando?

6. ¿Honestamente crees que Dios va usar lo que has sufrido para tu bien? ¿Por qué si o por qué no?

7. Detente un momento y piensa en el punto anterior. Escribe al menos una cosa buena que ha salido de tu dificultades.

8. Sé honesto con el Señor. ¿Estás dispuesto a aceptar de Dios *lo que sea* necesario para que Él te pueda usar? Explica.

9. Escribe abajo los beneficios mencionados en 2 Corintios 4:16-18. Después escribe una respuesta a Dios referente a lo que dice este pasaje.

10. Lee Génesis 50:20-21. ¿Cómo te anima la respuesta de José a sus hermanos? ¿Cómo puedes aplicar su respuesta a tu situación?

Por supuesto que Dios nos dará más de lo que humanamente podemos manejar. Eso es lo que nos lleva a Jesús; y es lo mejor que nos puede pasar.

11. ¿Qué promesa puedes ver en Lamentaciones 3:22-26?

Muchas cosas de nuestra salvación están más allá de nuestra habilidad para comprender, pero no más allá de nuestra habilidad de confiar.

A. W. Tozer

12. A lo largo de tu vida es muy probable que te vas a encontrar en circunstancias difíciles, hasta pueden ser tan injustas como las de José. Pero aprendemos de la vida de José que aunque todas las cosas no sean buenas, "sabemos que para los que aman a Dios, todas las cosas cooperan para bien" (Romanos 8:28). En las circunstancias difíciles puedes tener la certeza del amor de Dios por ti. Romanos 8:39 nos asegura que nada, "ni lo alto, ni lo profundo, ni ninguna otra cosa creada nos podrá separar del amor de Dios que es en Cristo Jesús Señor nuestro". Ya que sabes que Dios te ama, ¿cómo debes tratar a las otras personas según 1 Juan 4:7-11?

DÍA 5: LOS NOMBRES DE DIOS

No siempre es fácil confiar en Dios, sobre todo cuando estamos experimentando dolor o no entendemos lo que Él está haciendo en nuestras vidas. Pero hay dos nombres de Dios en Su Palabra que nos revelan que Dios nos ama y desea lo mejor para nosotros. Cuando estudiamos estos nombres, aprendemos a confiar en Él completamente para todo aspecto de la vida.

Algunos confían en carros, y otros en caballos; mas nosotros en el nombre del Señor nuestro Dios confiaremos.
Salmo 20:7

EL ROI—EL DIOS QUE NOS VE

¿Alguna vez has sido tentado a pensar cosas como: "Nadie entiende lo que estoy pasando", "Nadie se preocupe por mi", o "Si Dios en verdad me ama no permitiría esto en mi vida"? En Génesis 16:13 Dios es presentado como *El Roi*, "el Dios que nos ve". De este nombre aprendemos que podemos estar confiados que Dios nos ve aun en los momentos más difíciles.

Como vimos en la segunda semana de este estudio, Dios había prometido a Sarai y Abram un hijo, pero después de muchos años, se cansaron de esperar la promesa. Sarai tomó a Agar, su sierva egipcia y se la dio a Abram como mujer, y ella concibió un hijo. Agar despreció a su señora, Sarai.

Por celo, Sarai trató muy mal a Agar y ella huyó. Génesis 16:7 dice que "el ángel del Señor la encontró junto a una fuente de agua en el desierto, junto a la fuente en el camino de Shur". En los versículos que siguen, vemos al Señor hablando directamente a Agar con palabras de bondad, consuelo y profecía. Agar seguramente estaba sorprendida que el Señor había escuchado su aflicción (ver Génesis 16:11).

1. Escribe lo que Agar dijo en Génesis 16:13.

A. Piensa en tu situación por un minuto. ¿De qué manera saber que tienes un Dios que ve todo te alienta hoy?

Dios no te obliga a rendir cuentas por lo que otros te hicieron. Pero Él sí te pide rendir cuentas por cómo respondes. El amor siempre anticipa y busca lo mejor en los demás.

Nancy DeMoss Wolgemuth

B. Compara Romanos 12:9-19 con Génesis 16. ¿Qué notas?

2. ¿Qué aprendes de la historia de Agar?

3. ¿Qué aprendes acerca de Dios?

4. ¿Qué aprendes de los efectos del pecado?

5. Busca la promesa relacionada con *El Roi* en Proverbios 15:3 y 2 Crónicas 16:9, y escribe lo que más te bendice.

Pues esta aflicción leve y pasajera nos produce un eterno peso de gloria que sobrepasa toda comparación.

2 Corintios 4:17

¡Su nombre es *El Roi*—Su nombre es Jesús!

Jehová Shama—el Señor siempre está presente

El nombre *Jehová Shama* nos muestra otra característica de Dios quien nos consuela y ayuda a confiar más en Él: El Dios que siempre está presente. En otras palabras, Él siempre está con nosotros.

Vemos esta verdad desde el principio, cuando Dios creó a Adán y Eva. La intimidad y confianza entre Dios y el hombre y la mujer que Él creó era algo hermoso. Vivían en una armonía perfecta, con una comunión sin obstáculos, hasta el momento que entró el pecado en el mundo a través de Adán. El pecado rompió la comunión que había entre el hombre y Dios.

Aunque Dios los echó del huerto, no los abandonó. A través de la historia de Israel, vemos cómo el pueblo de Dios, a pesar de estar cerca de Él, regresó al pecado una y otra vez, y cómo el Señor, una y otra vez, los rescató.

Un ejemplo de la fidelidad de Dios se encuentra en Deuteronomio 4:37. Dios sacó a los israelitas de la esclavitud de Egipto, habitó entre ellos en forma de un pilar de fuego de noche y una nube de día, y los guió con Su presencia y poder. Desafortunadamente, el pueblo de Dios continuó en su pecado, por lo cual la gloria de Dios se apartó de ellos.

Pero Dios nunca abandona por completo a Su pueblo. El libro de Ezequiel capítulos 47-48 relata cómo el profeta tuvo una visión de la ciudad de Jerusalén que seguramente dio esperanza a sus oidores que alguna vez habían experimentado la presencia gloriosa de Dios en medio de ellos.

1. ¿Qué revela Ezequiel 48:35? ¿Qué piensas puede significar esto?

2. Según Isaías 41:10, ¿qué nos manda Dios? ¿Qué nos promete?

3. Aunque el nombre *Jehová Shama* es usado más como el nombre de una ciudad que un título de Dios (ver Ezequiel 48:35), muestra la idea del poder de Dios y Su presencia con Su pueblo. ¿Qué dijo Jesús en Hebreos 13:5 que confirma este concepto de Dios?

Cuando no reconocemos que Dios está con nosotros, puede provocar el miedo y la duda. Una vez mi nieta de cuatro años nos estaba visitando. Yo dormía en el mismo cuarto con ella cuando ella venía de visita. Como a las tres de la mañana, se despertó llorando porque había tenido una pesadilla. La abracé y me dijo: "Abrázame, abuela". La calmé diciendo: "Chis, abuela está aquí. Todo está bien, estoy aquí". Enseguida, se quedó dormida. Dios es así: Él siempre está con nosotros, abrazándonos y susurrándonos al oído: "Chis, estoy aquí. Todo está bien; estoy aquí". Qué gran consuelo es conocer a Dios como *Jehová Shama*.

4. ¿Dónde está puesta tu confianza? ¿A qué o a quién acudes cuando tienes miedo o estás triste? Sé honesto.

5. Al pensar en Dios como *Jehová Shama*, hazte la pregunta: "¿Es suficiente para mí saber que Dios siempre está conmigo?" Explica.

6. Escribe en tus propias palabras 1 Juan 4:18-19. ¿Qué dice acerca del miedo?

7. Busca las promesas de *Jehová Shama* en los siguientes versículos, y escribe lo que más te conmueva.

Éxodo 33:14:

Isaías 43:1-3:

8. ¿Piensa cómo el conocer a Dios de esta manera te ayuda a cambiar la manera de pensar en cuanto a tus circunstancias?

> *Pero alégrense todos los que en ti se refugian; para siempre canten con júbilo, porque tú los proteges; regocíjense en ti los que aman tu nombre. Porque tú, oh Señor, bendices al justo, como con un escudo lo rodeas de tu favor.*
>
> **Salmo 5:11–12**

En los momentos difíciles, cuando te sientes sin fuerzas, débil y con miedo, no temas porque Dios está contigo. Confía en Él totalmente, diciendo: "¡Abrázame, Jesús!".

¡Su nombre es *Jehová Shama*—Su nombre es Jesús!

Repaso de los nombres de Dios

1. Jesús es *El Roi*—el Dios que nos ve. ¿De qué manera te impacta hoy saber que Jesús ve cada circunstancia que te ha afectado, afecta y afectará?

2. Jesús es *Jehová Shama*—Su presencia siempre está contigo. ¿Cómo conocer a Jesús como *Jehová Shama* te consuela y ayuda a confiar en Dios con todo lo está pasando en tu vida?

3. Saber que la presencia de Dios siempre está contigo y nunca te abandonará, ¿te ayuda a echar fuera todo temor?

4. ¿Con cuál de los personajes del estudio de esta semana te identificaste más: el hombre en el estanque de Betesda, José, el padre de José, los hermanos de José, Agar, Sarai o Abram? ¿Por qué?

Su nombre es *Elohím*—Dios nuestro creador.

Su nombre es *El Elyón*—Dios Altísimo.

Su nombre es *El Shadai*—Dios Todopoderoso, nuestro guardián, el que cuida la puerta.

Su nombre es *Jehová Tsidkenu*— El Señor nuestra justicia.

Su nombre es *El Nasa*—El Dios que perdona.

Su nombre es *El Ahavát*—El Dios que nos ama.

Su nombre es *Jehová Rafa*—El Dios que nos sana.

Su nombre es *Jehová Yireh*—El Señor proveedor.

Su nombre es *El Kanna*—Un Dios celoso.

Su nombre es *Adonay/Yahveh/Jehová/*Yo Soy— Señor y Maestro.

Su nombre es *El Roi*—El Dios que nos ve.

Su nombre es *Jehová Shama*—El Señor siempre está presente.

¡Su nombre es Jesús!

EL TOQUE TRANSFORMADOR QUE PRODUCE FE

Porque por fe andamos, no por vista.
2 Corintios 5:7

DÍA 1: MI TESTIMONIO DE FE

¿Alguna vez has experimentado un día de gran alegría y al día siguiente estar lleno de luchas, decepción y dificultades? ¿Sabes cómo es estar en una montaña rusa de emociones? Un día lleno de alegría y esperanza, y al siguiente día sorprendido por las circunstancias que te rodean. El miedo es lo opuesto a la fe; el miedo paraliza, mientras la fe nos motiva a actuar. Cuando andamos con miedo, podemos decidir confiar en Jesús y caminar por la fe. Caminar por la fe es caminar en el temor de Dios en lugar de caminar en el temor de los hombres. Caminar por la fe significa vivir a la luz de la eternidad, confiando nuestras vidas a Dios.

Mi esposo y yo nos casamos poco tiempo después de conocer a Cristo. En el segundo año de nuestro matrimonio, salí embarazada con nuestro primer hijo. No estábamos planeando comenzar una familia todavía, pero estábamos muy emocionados con la expectativa de ver lo que el Señor tenía para nuestro futuro. Desafortunadamente para nosotros, cometimos el error de pensar que, por entregarnos a Cristo, el resto de nuestras vidas iba a ser perfecto y sin problemas.

Mi primera prueba comenzó cuando el parto se adelantó seis semanas antes de tiempo y tuve que estar hospitalizada. Dios fue fiel y estuvo con nosotros a través de un parto muy difícil, aunque nos tocó dejar al pequeño bebé un tiempo en el hospital.

Nunca olvidaré el día que nuestro hijo salió del hospital. Para ese entonces, mi esposo era dueño de una compañía de construcción. Había faltado al trabajo muchos días durante las semanas anteriores que estuve en el hospital, por lo que ese día le tocó trabajar. Mi mamá me llevó a buscar el niño en el hospital. Después que lo buscamos, nos dejó en nuestra casa y me puse a esperar la llegada de mi esposo. Por primera vez éramos una familia.

Pero las horas pasaron y él no llegaba. Comencé a preocuparme, porque él nunca llegaba tarde. Después de mucho tiempo, un carro trajo a mi esposo a la casa. Era claro que algo andaba mal. Cuando mi esposo entró, me enteré que había sufrido un accidente de tránsito de regreso a casa. Su camioneta quedó totalmente destruida.

Al día siguiente, la situación empeoró. Recibimos una llamada telefónica informándonos que el otro hombre involucrado en el accidente había muerto y había una orden de arresto contra mi esposo.

Mi corazón se desesperó y mi respuesta inicial fue: "¿Por qué Dios?". ¿Cómo Dios de alguna manera había causado todo esto? Mi esposo también estaba desesperado. Se sintió culpable de la muerte del otro hombre. Nada que yo pudiera hacer le podía ayudar; Clark necesitaba el consuelo de Dios. Este fue el comienzo de muchas circunstancias que Dios usó para profundizar nuestra relación con Él.

A Clark le tocó pasar un tiempo en la cárcel, lo cual fue muy difícil para nosotros, pero sobre todo, para él. De nuevo, pregunté: "¿Por qué, Dios?". Si ambos habíamos entregado nuestra vida a Cristo, ¿cómo pudo pasar esto? Yo creo que nunca había orado más en mi vida que en ese tiempo que estuvimos separados.

Aprendimos muy pronto que no teníamos el control de nuestra situación. No pudimos hacer nada para cambiar las circunstancias; sólo pudimos acudir al Único que nos podía sacar de eso. Él hizo eso y mucho más. A través de esos tiempos difíciles, Dios nos mostró Su fidelidad una y otra vez, y yo aprendí a confiar en Él de una manera que nunca antes lo había hecho. Vimos cómo Romanos 8:28 se hizo una realidad en nuestra vidas. Dios usó la situación para bien, y cada uno de nosotros recibimos consuelo de Él de una manera que no hubiera sido posible en otras circunstancias. Él fortaleció nuestro testimonio y nos ayudó a compartirlo con otras personas y guiar a gente a la salvación. Dios usó la situación para bien.

Cuando nuestro primer hijo cumplió el año, me enteré que otra vez estaba embarazada. De nuevo no era algo planeado, pero después de la sorpresa, nos emocionamos al imaginar el plan de Dios. Esta vez consciente de que posiblemente vendrían tiempos difíciles. Este embarazo fue mucho mejor, el parto fue muy diferente y llevamos nuestro segundo hijo a casa cuando salí del hospital. Pero, cuando fui a hacerme un examen médico de las seis semanas descubrieron que yo tenía un tipo de cáncer muy agresivo. Tenía que dejar de amamantar y prepararme para una cirugía lo más pronto posible.

Tenía veinticuatro años en ese momento. ¿Qué involucraría la cirugía? ¿Tendría que recibir quimioterapia? ¿Cómo podría cuidar de dos niños menores de dos años durante el tratamiento? ¿Vería yo a mis hijos crecer, casarse y tener sus propios hijos?

Por lo que habíamos pasado antes, sabíamos que Dios siempre es fiel. No obstante, una vez más, lo primero que hicimos fue preguntar: "¿Por qué, Dios?". Tenía tantas preguntas en mi mente, y el Señor me habló de una manera muy poderosa con Romanos 8:37-39:

> Pero en todas estas cosas somos más que vencedores por medio de aquel que nos amó. Porque estoy convencido de que ni la muerte, ni la vida, ni ángeles, ni principados, ni lo presente, ni lo por venir, ni los poderes, ni lo alto, ni lo profundo, ni ninguna otra cosa creada nos podrá separar del amor de Dios que es en Cristo Jesús Señor nuestro.

¡Qué consuelo tenemos en esto: saber que si hemos entregado nuestras vidas a Su cuidado, nada podrá jamás separarnos de Su presencia! Como aprendimos la semana pasada, Su nombre es *Jehová Shama*, Él siempre está con nosotros, y no sólo está con nosotros, sino con todos los que le pertenecen, incluyendo nuestros hijos y seres amados.

Tuve que tomar una decisión. Podría sentir lástima por mí misma, y sentí que tenía todo el derecho de hacerlo, o podía poner mi confianza en mi Señor, aceptar Su Palabra por fe, y recibir Su paz en mi vida. Tuve que decidir si iba a quejarme o marcar la diferencia. La prioridad del diablo es separarnos de Dios y hacernos dudar de Su fidelidad. Pero cuando acudimos a Jesús en los momentos difíciles, es el primer paso hacia la victoria. A medida que escogí aceptar la Palabra de Dios por fe, mi situación se convirtió en una aventura emocionante. Le pedí a Dios que me mostrara cómo Él usaría cada día mis circunstancias para Su gloria. Fue un viaje largo, con mucha incertidumbre, pero puedo decir hoy que Dios es fiel. Tuve muchas oportunidades en ese tiempo para compartir mi fe, especialmente cuando la gente me decía que no entendían cómo podía estar tan calmada enfrentando el cáncer y siendo mamá de dos niños pequeños.

Finalmente, Dios me sanó, y estoy viva hoy sólo porque "en Él vivimos, nos movemos y existimos" (Hechos 17:28). Nuestros dos hijos ya son adultos, y Clark y yo estamos muy agradecidos con Dios por Su toque sanador en mi vida. Sé que cada día que respiro es un regalo de Dios, y quiero aprovechar al máximo cada uno de ellos para Su gloria. ¡Quiero que mi vida marque la diferencia!

Jesús respondió, y le dijo: Ahora tú no comprendes lo que yo hago, pero lo entenderás después.
Juan 13:7

Aunque no entendamos el por qué de las cosas que pasan, y quizá no lo entenderemos hasta llegar al cielo, de dos cosas podemos tener certeza: Satanás nos enviará muchas tentaciones con el propósito de hacernos tropezar; pero Dios, como guardián, filtra todas las cosas y sólo deja entrar las cosas que Él usará para el bien de nuestras vidas, sabiendo que nuestra fe se fortalecerá si confiamos en Él

Es importante que alcancemos el punto donde nuestra fe no dependa de nuestros sentimientos, entendimiento o expectativas, ni si las cosas salen bien. En cambio, nuestra fe está puesta en el carácter de Jesús, en lo que Él ha hecho en el pasado, lo que está haciendo ahora, y lo que continuará haciendo. Se ha dicho: "No sabemos que tiene el día de mañana, pero sí sabemos Quién tiene el mañana". Pasar por una prueba no significa que no vendrá otra. Pero cuando vemos la fidelidad de Dios en los tiempos difíciles, nos prepara para lo que vendrá después y aprendemos a glorificar a Dios en cada tormenta.

Porque todo esto es por amor a vosotros, para que la gracia que se está extendiendo por medio de muchos, haga que las acciones de gracias abunden para la gloria de Dios.

2 Corintios 4:15

¿Cómo reaccionas cuando algo mal llega a tu vida? ¿Formas un berrinche? Preguntas: "¿Por qué, Dios?". Recuerda, siempre tenemos una opción: podemos caer en la tentación de Satanás y rendirnos ante el miedo y el desespero, o podemos por fe creer en la Palabra de Dios. A medida que oramos, veremos Su fidelidad con nosotros. Él hará que todas las cosas nos ayuden para bien y para Su gloria. Lo mejor es que sabemos que Él nos ha escogido para glorificar Su nombre a través de estas pruebas, y somos más que vencedores (ver Romanos 8:37). Aunque quizá no nos sentimos como vencedores en medio de las dificultades, pero podemos estar seguros de las promesas de Dios y proclamar la victoria en el nombre de Jesús.

1. ¿Cuál es tu primera reacción ante las dificultades?

2. ¿Puedes mirar a tu pasado y decir sin duda que Dios siempre estuvo contigo y te ayudó a salir adelante? Escribe un testimonio de lo que Él ha hecho en tu vida. Explica cómo Él demostró Su fidelidad y cómo se ha revelado en tu vida. Termina el testimonio reconociendo lo que Dios ha hecho en tu vida para mostrar Su gloria.

Pues esta aflicción leve y pasajera nos produce un eterno peso de gloria que sobrepasa toda comparación, al no poner nuestra vista en las cosas que se ven, sino en las que no se ven; porque las cosas que se ven son temporales, pero las que no se ven son eternas.

2 Corintios 4:17–18

DÍA 2: LA FE SE ENCUENTRA EN JESÚS

Hoy continuaremos estudiando la importancia de caminar por fe. Comienza leyendo, con una actitud de oración, Mateo 14:1-36 acerca del ministerio de Jesús con los discípulos.

Seguro había sido un día largo y difícil. Le habían informado a Jesús que Herodes había decapitado a Juan el Bautista. Mateo 14:13 dice: "Al oír esto, Jesús se retiró de allí en una barca, solo, a un lugar desierto". Sin embargo, cuando Jesús vio que las multitudes lo seguían, tuvo compasión y sanó sus enfermedades. Esa misma noche, en lugar de enviar a la gente a buscar comida en las aldeas, Jesús hizo el milagro de alimentar a cinco mil hombres con sólo cinco panes y dos pescados. Si contamos las mujeres y los niños, el número de personas pudo ser de casi veinte mil. ¡La Biblia dice que todos comieron y todos quedaron satisfechos! ¡Qué ejemplo tan increíble de la compasión, poder y provisión de Dios para Su pueblo!

Cuando Jesús le hubo satisfecho su hambre, despidió a la multitud. Sin duda, Jesús y los discípulos estaban muy cansados después de haber alimentado y ministrado a tanta gente. En Mateo 14:22-23 leemos cómo Jesús "hizo que los discípulos subieran a la barca y fueran delante de Él a la otra orilla"; y Él "subió al monte a solas para orar". Con Su ejemplo, Jesús nos muestra la importancia de pasar tiempo a solas con Dios. Para hacer esto, tenemos que apartarnos de la multitud y sentarnos en un lugar apartado, y en silencio comunicarnos intencionalmente con nuestro Padre celestial.

Cuando cayó la noche, Jesús todavía estaba en la

montaña, pero los discípulos estaban ahora en la mitad del mar, y su pequeña barca estaba siendo azotada por las olas y el viento. Ellos estaban esforzándose, llenos de miedo y ansiedad; sin duda, Jesús estaba orando, intercediendo a su favor. Hebreos 7:25 nos dice: "Él también es poderoso para salvar para siempre a los que por medio de Él se acercan a Dios, puesto que vive perpetuamente para interceder por ellos". Muchas veces, como los discípulos, estamos esforzándonos hasta estar exhaustos, olvidando que Jesús nos ha llamado a descansar en Él. Los discípulos acababan de ver a Jesús alimentar a los cinco mil hombres y todos los otros milagros que Jesús había hecho en su presencia. Seguramente, si Jesús podía multiplicar los panes y los peces, Él podía rescatarles y llevarles al otro lado del lago (ver Mateo 14:22).

Mateo 14:25 dice que en la cuarta vigilia de la noche, es decir, entre las tres y las seis de la mañana, Jesús vino a los discípulos en medio del mar, caminando sobre el agua. Cuando Jesús llegó a la barca, los discípulos pensaron que Él era un fantasma y gritaron con temor. Pero Jesús habló directamente a su miedo, diciendo: "Tened ánimo, soy yo; no temáis" (Mateo 14:27). Cuando enfrentamos las tormentas de la vida, necesitamos recordar que Dios no nos ha dado un espíritu de cobardía, sino de amor (ver 2 Timoteo 1:7). Aunque puede ser que el miedo es una reacción normal ante la situación, Jesús es mucho más grande que cualquier miedo que podamos enfrentar.

Pedro creyó y dijo: "Señor, si eres tú, mándame que vaya a ti sobre las aguas. Y Él dijo: Ven. Y descendiendo Pedro de la barca, caminó sobre las aguas, y fue hacia

Jesús" (Mateo 14:28-29). Con un enorme paso de fe, Pedro respondió al llamado del Señor, salió de la barca, y caminó sobre las aguas hacia Jesús. ¡Qué confianza en el Señor!

Pero enseguida, la fe de Pedro pareció debilitarse cuando miró de nuevo a su situación. Mateo 14:30 nos dice: "Pero viendo la fuerza del viento tuvo miedo". Cuando su mirada cambió, su fe también cambió de una fe pura a la duda, debido a la tormenta y lo imposible que era su situación. Pero cuando Pedro comenzó a hundirse, él grito diciéndole a Jesús: "¡Señor, sálvame!" (v. 30). Jesús no espera perfección de su pueblo, sólo espera que confiemos en Él y en Su habilidad. ¡Él anhela escuchar los gritos de Sus hijos clamando a Él para salvación! Vemos esto en Su respuesta a Pedro en el versículo 31: "Y al instante Jesús, extendiendo la mano, lo sostuvo y le dijo: Hombre de poca fe, ¿por qué dudaste?".

Jesús nos dice lo mismo a nosotros hoy. Aun cuando nuestra fe falla y comenzamos a hundirnos, Jesús está allí para rescatarnos. El peligro verdadero no está en la violencia de la tormenta, con sus olas y vientos, sino en nuestra falta de fe. Pedro sabía que sólo tenía que llamar a Jesús en sus momentos de crisis, y nosotros podemos hacer lo mismo. Quizá tengamos fe, pero tenemos que ejercitarla. Quizá somos como el hombre que dijo a Jesús: "Creo; ¡ayúdame en mi incredulidad!" (Marcos 9:24). Una vez que llamamos a Jesús, Él calma la tormenta y nos lleva al otro lado de nuestra situación. El resultado es que nuestra fe se fortalece. Después, igual que los discípulos, vendremos a Él en adoración, diciendo: "En verdad eres Hijo de Dios" (Mateo 14:33).

1. ¿Hay situaciones en tu vida hoy que te hacen dudar del poder de Dios? Explica.

2. Según Santiago 1:6, ¿cómo es una persona que no tiene fe?

3. Toma un minuto para pensar y contestar las siguientes preguntas. Sé transparente en tus respuestas. No escribas lo que piensas que otros quieren escuchar, sino contesta honestamente y con tu corazón.

   A. ¿Alguna vez has sentido que Dios te ha fallado? Explica.

B. ¿Ha fallado Dios a Sus promesas?

No temas, porque yo estoy contigo; no te desalientes, porque yo soy tu Dios. Te fortaleceré, ciertamente te ayudaré, sí, te sostendré con la diestra de mi justicia.

Isaías 41:10

C. ¿Ha cambiado Su Palabra?

D. ¿Hay algo imposible para Dios? Si piensas que sí, ¿qué es?

4. Lee 1 Reyes 8:56-58, y escribe lo que dice acerca de las promesas de Dios.

Dios en Su sabiduría, para hacernos, y mantenernos humildes y enseñarnos a caminar por la fe, nos ha ocultado casi todo lo que nos gustaría saber acerca de los propósitos providenciales que Él está desarrollando en nuestras vidas.

J. I. Packer

5. ¿Qué dice el apóstol Pedro sobre las promesas de Dios en 2 Pedro 1:4?

DÍA 3: UN LÍDER JUDÍO Y UNA MUJER INCURABLE

Pasa tiempo hoy leyendo Marcos 5:21-43 con una actitud de oración, y el pasaje paralelo en Lucas 8:40-56. Estos pasajes cuentan la historia de dos personas muy diferentes. Las dos aprenden a caminar por la fe en circunstancias difíciles. Lee con propósito, contestando las siguientes preguntas:

¿Qué aprendo yo acerca de...?

- ¿Dios/Jesús/el Espíritu Santo?
- ¿Las mentiras de Satanás?
- ¿Mi situación?
- ¿Mí mismo/mis creencias?
- ¿La verdad de la Palabra de Dios?

¿Existe...?

- ¿Un mandato o ejemplo en el pasaje a seguir?
- ¿Una actitud que necesito confesar?
- ¿Una mentira que necesita ser reemplazada con la verdad de la Palabra de Dios?
- ¿Algo de lo cual necesito arrepentirme?
- ¿Un pecado o consecuencia que debo evitar?
- ¿Algo que necesito entregarle a Dios?

Escribe abajo lo que descubriste.

Responde a Dios escribiendo una oración.

Muchas veces miramos los testimonios de otras personas para encontrar esperanza. Aunque los testimonios nos pueden animar mucho, Dios no está obligado a trabajar de la misma manera en nuestra vida. Se puede convertir en una trampa si esperamos que Dios obre exactamente de la misma manera en nuestra vida como lo hizo con otra persona en una situación similar. Si esperamos que Dios obre de cierta manera y Él no lo hace, tendemos a reaccionar con confusión, ira y amargura. Es importante entender que Jesús no obra de la misma manera con todos. Dios obra según Su voluntad. Él sabe qué es lo mejor para cada uno de Sus hijos. Sus caminos no son nuestros caminos; no los podemos entender. Por eso, la fe en Dios es tan importante.

Jairo era un judío rico, líder en la sinagoga. Él tenía una sola hija de doce años, y se estaba muriendo. Jairo vino a Jesús, cayó a Sus pies y le rogó que viniera a su casa, diciendo: "Mi hijita está al borde de la muerte; te ruego que vengas y pongas las manos sobre ella para que sane y viva".

Jesús fue con él, y una gran multitud le seguía y le oprimía (ver Marcos 5:23-24).

En esa multitud estaba una mujer que sufría de un flujo de sangre. Por doce años, ella había buscado en el mundo algo que pudiera liberarla de su enfermedad, pero nada cambió. Marcos 5:26 dice que ella "había sufrido mucho a manos de muchos médicos, y había gastado todo lo que tenía sin provecho alguno, sino que al contrario, había empeorado". No tenía esperanza de sanidad, pero cuando ella escuchó de Jesús, dice que ella "se llegó a Él por detrás entre la multitud y tocó su manto. Porque decía: Si tan sólo toco sus ropas, sanaré" (vv. 27-28).

1. Aunque esta mujer no tenía nada material, ella sí tenía algo, y eso era lo más importante. En Lucas 8:48 y Marcos 5:34, ¿qué fue lo que dijo Jesús había sanado a la mujer que tocó Su ropa?

2. ¿Era la *fe* de la mujer o el *objeto* de su fe que la sanó? Explica.

En el momento que la mujer extendió su mano y tocó a Jesús, fue sanada de inmediato. Cuando ella confesó lo que había hecho, "Jesús le dijo: Hija, tu fe te ha sanado; vete en paz y queda sana de tu aflicción" (Marcos 5:34). ¡Qué respuesta tan hermosa!

Pero, "mientras estaba todavía hablando, vinieron de casa del oficial de la sinagoga, diciendo: Tu hija ha muerto, ¿para qué molestas aún al Maestro?" (Marcos 5:35). Las personas alrededor de Jairo perdieron la esperanza, sabiendo que la niña ya estaba muerta. Sin embargo, a Jairo no le importó lo que la gente pensaba; en su desesperación, se aferró a su fe en Jesús. Marcos 5:36 dice que Jesús le dijo a Jairo: "No temas, cree solamente".

Tomando a Pedro, Jacobo y Juan con Él, Jesús siguió con Jairo a su casa para ver a la niña. Cuando llegaron a la casa, la gente ya estaba haciendo alboroto por la niña muerta. La gente lloraba, y Jesús les dijo: "¿Por qué hacéis alboroto y lloráis? La niña no ha muerto, sino que está dormida" (Marcos 5:39). Debido a que no tenían fe y no conocían el poder de Jesús, se burlaban de Él, seguros que la situación era imposible ya. Lo que no sabían era que, con Dios, todo es posible (ver Mateo 19:26).

Marcos 5:40-42 nos dice que Jesús "echando fuera a todos, tomó consigo al padre y a la madre de la niña, y a los que estaban con Él, y entró donde estaba la niña. Y tomando a la niña por la mano, le dijo: Talita cum (que traducido significa: Niña, a ti te digo, ¡levántate! Al instante la niña se levantó y comenzó a caminar, pues tenía doce años. Y al momento se quedaron completamente atónitos".

¡Qué asombroso! De nuevo, Jesús mostró su poder y autoridad, esta vez sobre la misma muerte. Dio otro ejemplo de Su creatividad y de las varias maneras que Él toca las vidas de las personas que le necesitan. La mujer con el flujo de sangre fue sanada pública e inmediatamente, cuando ella extendió su mano y tocó Su manto. Pero la hija de Jairo murió y fue levantada de la muerte en la privacidad, cuando Jesús fue a su casa por petición de su padre. Esto es alentador, porque nos muestra que podemos clamar a Dios por las necesidades de las demás personas y no sólo por las nuestras. También nos recuerda que Él siempre nos da Su toque de una manera única y personal de acuerdo a nuestra situación.

La naturaleza humana siempre nos lleva a comparar nuestra situación con el pasado o con las demás personas. Si comparamos a Jairo y la mujer, vemos muchas diferencias. Jairo tenía dinero, prestigio, poder y mucha genta a su alrededor. La mujer era todo lo opuesto: destituida, marginada, sola y olvidada. La necesidad de Jairo era para un ser muy querido; la necesidad de la mujer era muy personal. A pesar de sus diferencias, ambos, en su desesperación, tuvieron la fe para clamar a Jesús. En su gran necesidad, ambos hicieron una elección de acudir a Jesús sin prestar atención a los demás ni a quienes dudaban. A pesar de sus situaciones tan diferentes, ambos sabían que la única esperanza era Jesús.

Al inicio del estudio de esta semana, compartí un poco de mi testimonio personal como un ejemplo de cómo el Señor me enseñó a caminar por fe en las situaciones que enfrenté al principio de mi matrimonio. En muchas maneras, me identifico con cada una de las personas de la Biblia que estudiamos esta semana. Como Jairo, vine a Dios para interceder por un ser querido, mi esposo, pidiéndole a Dios que lo sanara en medio de una prueba difícil cuando él batallaba con el dolor de la muerte. Como la mujer con el flujo de sangre, busqué a Jesús para mi propia sanidad física de cáncer. Como Pedro, tuve que salir de la barca y venir a Jesús en medio de una tormenta en mi vida, y todavía sigo haciéndolo.

Bendito es el hombre que confía en el Señor, cuya confianza es el Señor. Será como árbol plantado junto al agua que extiende sus raíces junto a la corriente, no temerá cuando venga el calor, y sus hojas estarán verdes; en año de sequía no se angustiará ni cesará de dar fruto.

Jeremías 17:7–8

Quizá tú también puedes identificarte con mi historia o las historias de los personajes bíblicos que miramos. Quizá te sientes solo en tu situación. Sea que nos identificamos con los testimonios o no, podemos identificar el propósito de cada testimonio: testificar de la fidelidad, la bondad y la gloria de Dios. A pesar de que las circunstancias sean similares o no, la respuesta siempre es la misma: Jesús.

DÍA 4: REFLEXIONAR SOBRE LA FE

Como hemos visto en las Escrituras esta semana, la fe es algo vital en nuestro caminar con Dios. En Hebreos 11:6 leemos que "sin fe es imposible agradar a Dios; porque es necesario que el que se acerca a Dios crea que Él existe". Hemos visto que Dios, como *Jehová Yireh*, galardona a los que le buscan y suple ricamente todas nuestras necesidades. En Romanos 12:3, el apóstol Pablo dice que tenemos una medida de fe que Dios ha distribuido a cada uno. No sólo somos salvos por la fe (ver Efesios 2:8), sino que también caminamos por la fe (ver 2 Corintios 5:7).

Poner la fe en práctica es una decisión. Pero recordemos que la clave no está en la cantidad de fe sino en el objeto de nuestra fe. Hebreos 12:2 dice que Jesús es el autor y consumador de nuestra fe, y que tenemos que estar siempre poniendo nuestros ojos en Él para que nuestra "fe no descanse en la sabiduría de los hombres, sino en el poder de Dios" (1 Corintios 2:5).

1. Mientras leías estas historias asombrosas cuando Jesús irrumpió en las diferentes situaciones haciendo cosas imposibles, ¿qué fue lo que más te ministró?

    A. ¿Por qué eso te impresionó más?

    B. ¿Qué diferencia hará la lección de esta semana en tu vida práctica?

2. ¿De qué manera ha crecido tu fe como resultado del estudio de esta semana?

A. Lee Hebreos 11:6 y escribe lo que dice sobre la fe.

Por la fe entendemos que el universo fue preparado por la palabra de Dios, de modo que lo que se ve no fue hecho de cosas visibles.

Hebreos 11:3

B. ¿Qué tan importante es para Dios la fe sola?

DÍA 5: LOS NOMBRES DE DIOS

Como hemos visto, los nombres de Dios nos dan una imagen clara del carácter de Dios. Hoy aprenderemos sobre otro nombre de Dios. Este nombre nos ayuda a poner nuestra fe en Él y confiar que Él puede cuidar de nosotros.

Jehová Sabaot—el Señor de los ejércitos

Jehová Sabaot es un título para Dios que enfatiza Su poder sobre todo, tanto el mundo físico como el espiritual. Más de 240 veces en las Escrituras hebreas, Dios es nombrado como *Jehová Sabaot*, el Señor de los ejércitos. En otras palabras, Él manda a los ejércitos de los cielos, los ángeles. Este título habla del poder de Dios sobre toda la creación. Dios puede usar todo—los seres angélicos; los hombres y las mujeres; el sol, la luna y las estrellas; los ríos y océanos; las montañas y los desiertos; el calor y frío; el viento y la lluvia; todo tipo de animales; aun las plantas—para Su propósito.

Jehová Sabaot afligió a los egipcios con plagas, usando animales, insectos, enfermedades y al ángel de la muerte, porque ellos habían degradado a Su pueblo (ver Éxodo 7-12). Vemos en Éxodo 14 que *Jehová Sabaot* abrió el Mar Rojo para salvar a Su pueblo del enemigo y destruirlo cuando venía detrás de los israelitas. En el libro de Jonás, vemos a *Jehová Sabaot* usando una tormenta fuerte, un pez grande, una planta, y hasta un gusano para instruir a Jonás y cumplir Su propósito. En 1 Reyes 18:38 encontramos que "cayó el fuego del Señor, y consumió el holocausto" de Elías, comprobándoles a los profetas de Baal que *Jehová Sabaot* es Dios Todopoderoso. En la lección de esta semana, vimos cómo Jesús se reveló como *Jehová Sabaot*. Caminó sobre el agua, calmó la tormenta, sanó a una mujer de una enfermedad incurable, y levantó a una niña de la muerte. El nombre *Jehová Sabaot* nos recuerda que servimos a un Dios increíblemente poderoso, y que toda la creación le sirve.

1. Encontramos el nombre *Jehová Sabaot* en 1 Samuel 17:45, en la historia de David y Goliat. Lee 1

Samuel 17:22–51. Trata de ponerte en el lugar de David. ¿Con qué parte de la historia de David te identificas más?

Cuando David llegó a la escena en el valle de Ela, él vio cómo el ejército de Israel se acobardó y todos tuvieron gran temor de Goliat, el campeón de los filisteos. Cuando David quiso aceptar el reto, su hermano se enojó y le acusó diciéndole que estaba lleno de soberbia. Aun el rey Saúl le dijo a David: "Tú no puedes ir contra este filisteo a pelear con él, porque tú eres un muchacho y él ha sido un guerrero desde su juventud" (v. 33). Pero David recordó cómo Dios le había salvado en el pasado y le contestó: "Tu siervo ha matado tanto al león como al oso; y este filisteo incircunciso será como uno de ellos, porque ha desafiado a los escuadrones del Dios viviente". (v. 36).

2. ¿Qué concluye David, según el versículo 37?

3. Cómo logró David vencer al enemigo, según el versículo 40?

4. Cuando Goliat vio a David, "lo tuvo en poco porque era un muchacho, rubio y bien parecido" (1 Samuel 17:42). Parece que todo estaba en su contra. Escribe lo que dice el versículo 45 sobre la armadura de David.

5. Aunque todo estaba en su contra, y la situación parecía imposible, ¿qué nos dice los versículos 46-47 sobre la respuesta de David al enemigo?

    A. ¿Cómo pudo David decir esto, aunque estaba enfrentando a un enemigo temible?

    B. No hay duda que el rey Saúl y todo el ejército de Israel sabían de dónde venía la confianza de David. Hazte estas preguntas: ¿Las demás personas ven la mano de Dios en mi vida cuando enfrento problemas gigantes? ¿Me aseguro que Dios es el enfoque en lugar de buscar la simpatía de los demás en medio de la batalla? Si no estás conforme con las respuestas de estas preguntas, toma un momento en oración confesándole al Señor y pidiéndole que te ayude y llene del Espíritu Santo. Pídele al Señor que te ayude a ver las cosas desde Su perspectiva; una perspectiva que sobrepase todas tus circunstancias. Escribe tu oración.

6. En este momento, ¿existe un Goliat en tu vida? Piensa en David y Goliat, y escribe las similitudes entre tu situación y la de David.

La fe es una mirada hacia el exterior. La fe no mira adentro; mira afuera. No es lo que yo pienso, ni lo que siento, ni lo que he hecho, sino lo que Jesucristo es y lo que Él ha hecho. Debemos confiar en Aquel que es nuestra fuerza y cuya fuerza nunca fallará.

D. L. Moody

7. Si le perteneces a Jesucristo, también puedes ser como David. Cuando haya un gigante en tu vida, y seguro que lo habrá, puedes confiar completamente en la Palabra de Dios. Él es *Jehová Sabaot*, y reina en poder y victoria. Lee Isaías 54:17 que se encuentra abajo, y observa qué promesas tiene Dios para su pueblo. Escribe tu nombre en los espacios.

> Ningún arma forjada contra
> _____ prosperará, y
> condenarás toda lengua que se alce contra
> _____ en juicio. Esta es
> la herencia de los siervos del Señor, y la
> justificación de _____ viene
> de mí, declara el Señor.

8. Quizá te sientas débil, incapaz o limitado en tu habilidad para enfrentar las batallas que tienes en

tu vida. Quiero que sepas que no estás indefenso, porque el Dios todopoderoso vive en ti. A medida que aprendas a confiar en Dios, obtendrás la victoria. Lee el siguiente pasaje y subraya lo que más te impacte.

> Estad quietos, y sabed que yo soy Dios; exaltado seré entre las naciones, exaltado seré en la tierra. El Señor de los ejércitos está con nosotros; nuestro baluarte es el Dios de Jacob. (Salmo 46:10-11)

He aquí, no se adormecerá ni dormirá el que guarda a Israel. El Señor es tu guardador; el Señor es tu sombra a tu mano derecha. El sol no te herirá de día, ni la luna de noche.

Salmo 121:4–6

Tú no tienes que pelear la batalla; en cambio, estás peleando desde una posición de victoria, porque tu Dios es el *Jehová Sabaot*, el Señor de ejércitos. Él es nuestra fuerza, nuestro refugio, y nuestra victoria.

¡Su nombre es *Jehová Sabaot*—Su nombre es Jesús!

REPASO DE LOS NOMBRES DE DIOS

1. ¡Jesús es *Jehová Sabaot*, el Señor de los ejércitos, los ejércitos del cielo! ¿Cómo te ayuda en tu situación actual saber que Dios es *Jehová Sabaot*?

2. ¿Con quién te identificaste más en el estudio de esta semana: Pedro, los discípulos, Jairo, la hija de Jairo, la mujer con el flujo de sangre, o David? ¿Por qué?

Su nombre es *Elohím*—Dios nuestro creador.

Su nombre es *El Elyón*—Dios Altísimo.

Su nombre es *El Shadai*—Dios Todopoderoso, nuestro guardián, el que cuida la puerta.

Su nombre es *Jehová Tsidkenu*— El Señor nuestra justicia.

Su nombre es *El Nasa*—El Dios que perdona.

Su nombre es *El Ahavát*—El Dios que nos ama.

Su nombre es *Jehová Rafa*—El Dios que nos sana.

Su nombre es *Jehová Yireh*—El Señor proveedor.

Su nombre es *El Kanna*—Un Dios celoso.

Su nombre es *Adonay/Yahveh/Jehová/*Yo Soy— Señor y Maestro.

Su nombre es *El Roi*—El Dios que nos ve.

Su nombre es *Jehová Shama*—El Señor siempre está presente.

Su nombre es *Jehová Sabaot*— El Señor de los ejércitos

¡Su nombre es Jesús!

EL TOQUE TRANSFORMADOR QUE LLEVA AL PERDÓN

Más bien, sean bondadosos y compasivos unos con otros, y perdónense
mutuamente, así como Dios los perdonó a ustedes en Cristo.

Efesios 4:32, NVI

DÍA 1: LO DIFÍCIL DEL PERDÓN

La clave para entender el amor de Dios por nosotros se resume en una sola palabra: "perdón". Cuando venimos a Dios, confesamos nuestros pecados, Él nos perdona y nos da el regalo de la vida eterna en Jesucristo. Romanos 5:8 nos dice que "siendo aún pecadores, Cristo murió por nosotros". Efesios 1:7 dice que "En Él tenemos redención mediante su sangre, el perdón de nuestros pecados según las riquezas de su gracia". A medida que recibimos Su perdón, somos libres para perdonar a los demás; sin embargo, debido a que el amor y el perdón se encuentran sólo a través de Jesús, no podremos ofrecerlos a menos que Su Espíritu obre en nuestros corazones.

El perdón puede ser un asunto muy difícil. Aunque sabemos que Dios es misericordioso y estamos agradecidos por haber recibido Su perdón, mas al momento de perdonar a los demás experimentamos ciertos obstáculos. Nos preguntamos: ¿siempre es necesario perdonar? ¿Es algo requerido por Dios? ¿No existen cosas que son demasiado dolorosas para perdonar? ¿Perdonar significa volver a confiar en esa persona otra vez? En nuestro mundo pecador sobreabundan ejemplos de acciones que parecen ser imperdonables, pero Dios nos puede dar un corazón misericordioso para perdonar a aquellos cuyos pecados han afectado nuestras vidas.

Una de las razones más sencillas para no perdonar es porque simplemente no queremos. A veces preferimos quedarnos con el rencor y castigar a los ofensores en lugar de perdonar. Muchas veces cristianos sinceros no perdonan y se sienten justificados en no perdonar. Piensan que si Dios sólo perdona a los que se arrepienten, entonces, no tienen que perdonar a las personas que no se arrepienten. Vemos mucho esa actitud cuando las heridas del pasado comienzan a salir a la luz. No obstante, pensar así está muy lejos del corazón de nuestro Señor. El perdón es lo que Dios nos ha dado en Jesucristo, y Él nos manda a perdonar a los demás.

Negar el perdón es caer en desobediencia, y traerá miseria y amargura a nuestras vidas. Si nos negamos a perdonar, nuestros corazones se endurecen y nuestra habilidad de perdonar sería cada vez menor. Se ha dicho que no perdonar es como beberse uno mismo el veneno y esperar que tu enemigo muera. Pensamos que estamos castigando a la persona que nos hirió, pero en realidad *nosotros* somos los que sufrimos espiritual, emocional y físicamente. La falta de perdón es como una prisión que nos mantiene encerrados, un veneno que daña el perdón que Dios tiene para nosotros, y que terminará destruyéndonos.

Decir "no puedo perdonar" es simplemente otra manera de decir "no lo haré". Es posible que tengamos muchas razones por las cuales sentirnos así. Pero el reino de Dios no está basado en los sentimientos. Perdonar es una decisión que tomamos, a pesar del dolor. Cuando vinimos a Dios, confesamos nuestros pecados, Él nos perdonó y nos dio vida eterna en Cristo Jesús. Esto debería habernos llenado de gratitud y amor, tanto que quisiéramos ofrecerles a los demás la misma compasión, gracia y misericordia que Él ha nos dado.

El fuego de la ira, si no es apagado con el perdón, se esparcirá y contaminará, y destruirá la obra de Dios.

Warren W. Wiersbe

Dios no nos creó con la capacidad para cargar con los dolores del pasado. Debemos entregárselos todos a Él para recibir la verdadera sanidad. La Biblia es muy clara en este punto. Hebreos 12:14-15 nos manda: "Buscad la paz con todos y la santidad, sin la cual nadie verá al Señor. Mirad bien de que nadie deje de alcanzar la gracia de Dios; de que ninguna raíz de amargura, brotando, cause dificultades y por ella muchos sean contaminados". Dios no nos pide que confiemos en la gente, solamente que la amemos. Confiamos en Dios, porque sólo Él es digno. Sólo cuando confiamos en Dios con todo nuestro corazón y le entregamos todos nuestros dolores, seremos capaces de perdonar a la gente y ofrecerles Su perdón.

1. Cuando entendemos que el perdón nos libra del dolor y la amargura, y que es la única manera de vivir en comunión con Dios y con los demás, el perdón llega a ser una prioridad en nuestras vidas. Escribe una oración abajo, pidiéndole a Dios que te dé un corazón dispuesto a perdonar hoy.

En Isaías 43:18-19 leemos las palabras de Dios a los hijos de Israel: "No recordéis las cosas anteriores ni consideréis las cosas del pasado. He aquí, hago algo nuevo, ahora acontece; ¿no lo percibís? Aun en los desiertos haré camino y ríos en el yermo". De la misma manera que Dios hizo con los hijos de Israel, Él quiere hacer algo nuevo en nuestras vidas hoy. Pero antes debemos reconocer el dolor que tenemos guardado para: primero, pedir perdón por nuestro pecado, y, segundo, ofrecer perdón a los que nos han lastimado. Dios desea recuperar el territorio de nuestro corazón que el enemigo, a través de nuestro pecado, ha robado. Cuando Dios nos perdona, somos libres para perdonar a los demás, y para participar en la obra que Dios quiere hacer en y a través de nuestras vidas.

La voluntad de Dios en cuanto al perdón es claramente explicada en Efesios 4:31-5:2:

Líbrense de toda amargura, furia, enojo, palabras ásperas, calumnias y toda clase de mala conducta. Por el contrario, sean amables unos con otros, sean de buen corazón, y *perdónense unos a otros, tal como Dios los ha perdonado a ustedes por medio de Cristo.*

Por lo tanto, imiten a Dios en todo lo que hagan porque ustedes son sus hijos queridos. Vivan una vida llena de amor, siguiendo el ejemplo de Cristo. Él nos amó y se ofreció a sí mismo como sacrificio por nosotros, como aroma agradable a Dios (NTV, énfasis añadido).

Ten en cuenta que perdonar a los demás no es una sugerencia sino un mandato del Señor. En Mateo 6:14-15, Jesús dijo: "Porque si perdonáis a los hombres sus transgresiones, también vuestro Padre celestial os perdonará a vosotros. Pero si no perdonáis a los hombres, tampoco vuestro Padre perdonará vuestras transgresiones". ¡Esto es algo muy serio! Si negamos el perdón a otros, no podemos pedir que Dios nos perdone.

La buena noticia es que Dios nunca nos manda a hacer algo sin darnos el poder, por medio del Espíritu Santo, de hacerlo. Cuando recibimos a Jesús como nuestro Señor y Salvador, Su Espíritu viene a morar en nosotros. Él nos enseña, nos cambia, nos da el poder de hacer Su voluntad. Las Escrituras nos dicen que es la voluntad de Dios que perdonemos a los demás. Así que podemos tener la confianza que nos dará también la habilidad de hacer Su voluntad en esta área de nuestra vida.

Mas el fruto del Espíritu es amor, gozo, paz, paciencia, benignidad, bondad, fidelidad, mansedumbre, dominio propio; contra tales cosas no hay ley.

Galatians 5:22–23

Como el perdón es un mandato del Señor, es un asunto de obediencia. Todos batallamos de vez en cuando con la obediencia. Cuando Saúl obedeció a Dios a medias, y no destruyó al enemigo totalmente como le había mandado Dios, el profeta Samuel le habló con palabras muy fuertes: "¿Se complace el Señor tanto en holocaustos y sacrificios como en la obediencia a la voz del Señor? He aquí, el obedecer es mejor que un sacrificio, y el prestar atención, que la grosura de los carneros. Porque la rebelión es como pecado de adivinación, y la desobediencia, como iniquidad e idolatría. Por cuanto has desechado la palabra del Señor, Él también te ha desechado para que no seas rey" (1 Samuel 15:22-23) Es posible que a algunos de nosotros nos cueste ser obedientes en el área del perdón.

2. Para que esto no se convierta en un área de desobediencia en tu vida, ¿qué puedes hacer?

3. Escribe Jeremías 42:6, y hazlo tu oración sincera ahora mismo.

4. Escribe lo que los versículos que siguen instruyen a los creyentes.

Lucas 6:37:

Marcos 11:25-26:

Colosenses 3:12-13:

> *Mucho de lo que nosotros llamamos "luchar" es simplemente obediencia atrasada.*
>
> **Elisabeth Elliot**

Quizá eres como Pablo, quien dijo: "Porque yo sé que en mí, es decir, en mi carne, no habita nada bueno; porque el querer está presente en mí, pero el hacer el bien, no" (Romanos 7:18). Deseas obedecer como Dios te manda, sin embargo, no sabes cómo hacerlo. No estás solo en esto.

5. Escribe cómo puedes obedecer a la Palabra de Dios según los pasajes que se encuentran abajo.

    A. Dios llamó a Zorobabel a reconstruir el templo en Jerusalén después de ser destruido.

Él se enfrentó con esta tarea desalentadora en medio de montañas de escombros y muy pocos trabajadores. ¿Qué dijo Dios a Zorobabel en Zacarías 4:6?

B. ¿Qué cosa involucra la obediencia, según Juan 14:15-18? Escribe lo que Jesús les dijo a los discípulos, que se puede también aplicar a tu vida.

C. ¿Qué hemos recibido para la obediencia, según Romanos 1:5?

6. La gracia de Dios es definida como la influencia divina del Señor en nuestras vidas. Su Espíritu puede ser intercambiado con Su gracia. ¿En qué manera puede Su influencia divina ayudarnos a obedecer a Dios cuando parece imposible?

Por tanto, habiendo sido justificados por la fe, tenemos paz para con Dios por medio de nuestro Señor Jesucristo, por medio de quien también hemos obtenido entrada por la fe a esta gracia en la cual estamos firmes, y nos gloriamos en la esperanza de la gloria de Dios.

Romanos 5:1–2

7. Escribe las instrucciones dadas en 1 Tesalonicenses 5:15-22. Subraya lo que más te impacte.

A. ¿Crees que la falta de perdón es una forma de maldad? ¿Por qué sí o por qué no?

B. ¿Cómo nos enseña a orar 1 Tesalonicenses 5:17?

C. ¿Cómo puede esta oración facilitar el perdón?

¿Está Dios mostrándote que necesitas un cambio de actitud en cuanto a alguien que te hirió? Simplemente pídele a Dios que te muestre si hay alguien en tu vida que necesitas perdonar. Si es así, escribe el nombre de la persona, y comienza a orar por él o ella. Posiblemente el Señor traerá a tu mente más de una persona. Quizá no quieres orar por alguien que te lastimó de una manera tan profunda, pero al tomar este paso de obediencia, pídele a

Dios que cambie tu corazón. Ora por esta persona todos los días aun si no quieres hacerlo. Comienza un diario de tus oraciones, y escribe cómo Dios va cambiando tu corazón.

8. Cuando te encuentras en una situación que te parece imposible, ¿cuál es la promesa de Dios que encontramos en Su Palabra?

Filipenses 4:13:

2 Corintios 12:9:

Efesios 3:20-21:

Felices son los íntegros, los que siguen las enseñanzas del Señor. Felices son los que obedecen sus leyes y lo buscan con todo el corazón.
Salmo 119:1–2, NTV

DÍA 2: EL SIERVO MALVADO

Hoy miraremos la parábola del siervo despiadado en Mateo 18:21-35. Lee el pasaje con el propósito de contestar las siguientes preguntas.

¿Qué aprendo yo acerca de...?

- ¿Dios/Jesús/el Espíritu Santo?

- ¿Las mentiras de Satanás?

- ¿Mi situación?

- ¿Mí mismo/mis creencias?

- ¿La verdad de la Palabra de Dios?

¿Existe...?

- ¿Un mandato o ejemplo en el pasaje para seguir?

- ¿Una actitud que necesito confesar?

- ¿Una mentira que necesita ser reemplazada con la verdad de la Palabra de Dios?

- ¿Algo de lo cual necesito arrepentirme?

- ¿Un pecado o consecuencia que debo evitar?

- ¿Algo que necesito entregarle a Dios?

Escribe abajo lo que descubriste.

Responde a Dios escribiendo una oración

Pero si no perdonáis a los hombres, tampoco vuestro Padre perdonará vuestras transgresiones.

Mateo 6:15

DÍA 3: LA NECESIDAD DEL PERDÓN

Jesús solía enseñar en parábolas, que son historias terrenales que enseñan una verdad espiritual. En Mateo 18, Jesús usó la parábola del siervo despiadado para enseñar sobre el perdón. Jesús contó la historia de cierto rey que quería arreglar cuentas con su siervos (ver Mateo 18:23). Un siervo que tenía una deuda muy grande, lo que algunos eruditos piensan que puede ser alrededor de un billón de dólares en la economía actual. Era tan grande que era imposible pagarla. El siervo fue traído delante del rey y suplicó paciencia, porque lo iban a mandar a la prisión por su deuda. Con un hermoso gesto de gracia y misericordia, el rey decidió perdonarle al siervo su deuda (ver v. 27).

En el versículo 28 Jesús continúa Su parábola, diciendo: "Pero al salir aquel siervo, encontró a uno de sus consiervos que le debía cien denarios, y echándole mano, lo ahogaba, diciendo: Paga lo que debes". A pesar de las súplicas de su consiervo, el siervo malvado se negó escucharle, y metió al pobre hombre en la cárcel. Cuando el rey se enteró del asunto, mandó a que le trajeran el primer siervo, y le dijo: "Siervo malvado, te perdoné toda aquella deuda porque me suplicaste. ¿No deberías tú también haberte compadecido de tu consiervo, así como yo me compadecí de ti? Y enfurecido su señor, lo entregó a los verdugos hasta que pagara todo lo que le debía" (Mateo 18:32-34). Terminando así la parábola, Jesús les dijo a Sus discípulos: "Así también mi Padre celestial hará con vosotros, si no perdonáis de corazón cada uno a su hermano" (v. 35).

Así como el perdón es evidencia de ser verdaderamente perdonado, la falta de perdón puede ser una evidencia de que una persona nunca ha sido impactada por el amor de Jesús.

En la parábola, el rey representa a Dios. El primer siervo nos representa a todos nosotros cuando primero venimos a Jesús incapaces de pagar la deuda y necesitados desesperadamente de Su misericordia. Romanos 3:23 declara que todos somos deudores, porque todos hemos pecado y no alcanzamos la gloria de Dios. Como deudores a Dios, no necesitamos la paciencia de nuestro Rey; necesitamos un perdón completo. Tal como el siervo no pudo pagar su deuda, la deuda de nuestros pecados no se puede pagar sin la sangre preciosa de Jesús. Dios, nuestro Rey misericordioso, no sólo perdonó nuestra deuda sino que también proveyó el pago perfecto: el Cordero de Dios que quita el pecado de todo el mundo (ver Juan 1:29).

1. ¿Cómo respondes al pecado de las otras personas cuando piensas en el hecho de que tus pecados fueron perdonados por completo por la preciosa sangre de Jesús?

Porque por gracia habéis sido salvados por medio de la fe, y esto no de vosotros, sino que es don de Dios; no por obras, para que nadie se gloríe.

Efesios 2:8–9

El segundo siervo en la parábola representa la persona que tenemos que perdonar. La deuda de este siervo era real, pero era muy pequeña en comparación con la deuda del primer siervo. Cien denarios eran aproximadamente el pago de cien días de trabajo, algo muy pequeño comparado con la deuda del primer siervo.

2. Lee de nuevo Mateo 18:28-30. ¿Cómo respondió el siervo a su consiervo después de ser perdonado?

A. ¿Qué pudo haber causado este tipo de respuesta?

Y perdónanos nuestras deudas, como también nosotros hemos perdonado a nuestros deudores.

Mateo 6:12

B. ¿Es posible que estés demandando pago por una deuda (es decir, consecuencias por haber sido herido)? Ora y pídele a Dios que te dé la misericordia y la gracia para perdonar a quienes te han herido.

3. Somos llamados a ser como Cristo en toda nuestra conducta, siempre conscientes de que nos están viendo. Los demás siervos sabían que el rey había tratado al primer siervo con misericordia y perdón. Luego ellos observan cómo el siervo trata a su consiervo. Nota su reacción en Mateo 18:31.

A. Permite que las palabras del rey en Mateo 18:33 resuenen en tu corazón: "¿No deberías tú también haberte compadecido de tu consiervo, así como yo me compadecí de ti?". A veces somos ciegos en cuanto a nuestra propia conducta pecaminosa. Pídele al Señor que te revele cualquier falta de compasión que tengas. Escribe lo que te muestre.

b. Tenemos que perdonar a las personas, sin importar el pecado que hayan cometido. Tenemos que perdonar, porque el perdón es atributo de nuestro Dios, y no podemos representarlo a Él si no nos convertimos en personas que reflejan Su carácter. Si has fallado en perdonar, pídele a Dios que te limpie y te llene con Su amor para con los demás ahora mismo.

> *Incurrimos en mayor castigo reusándonos a perdonar, que por todo el resto de nuestro endeudamiento.*
>
> **C. H. Spurgeon**

Por lo cual te digo que sus pecados, que son muchos, han sido perdonados, porque amó mucho; pero a quien poco se le perdona, poco ama. Y a ella le dijo: Tus pecados han sido perdonados.

Lucas 7:47–48

No podemos tomar el lugar de Dios. Él es nuestro Rey y la fuente de todo perdón. Nosotros somos personas que han sido perdonadas y constantemente necesitan perdón. Pero somos llamados a seguir el ejemplo de nuestro Rey, y perdonar. Cuando entendamos esta verdad, seremos mucho más prontos en perdonar.

DÍA 4: LA LIBERTAD DE PERDONAR

Dios nos dice en el Salmo 55:22: "Echa sobre el Señor tu carga, y Él te sustentará; Él nunca permitirá que el justo sea sacudido". Esto incluye la responsabilidad de perdonar a otros. Como vimos anteriormente en esta lección, la falta de perdón nos mantiene como esclavos, da cabida al diablo, y se opone a lo que Dios quiere para nosotros. Dios nos manda a perdonar a los demás, así que cuando decidimos obedecerle y caminar en el perdón, viviremos una vida de libertad y victoria. Cuando escogemos el perdón, estamos en la voluntad perfecta de Dios, libres para seguir adelante glorificando el nombre de Dios.

Cristo nos libertó para que vivamos en libertad. Por lo tanto, manténganse firmes y no se sometan nuevamente al yugo de esclavitud.

Gálatas 5:1, NVI

Cuando Dios nos llama a perdonar, no significa que Él acepta el pecado que fue cometido en contra nuestra, al contrario, Dios odia el pecado. Perdonar a los demás tampoco significa que tenemos que vivir como si no hubiera pasado nada. Tampoco significa que tenemos que confiar en esa persona de nuevo. Cuando el pecado de una persona nos afecta de alguna manera, y nosotros perdonamos a esa persona, no significa que volvemos a ponernos en una situación que les permita volver a lastimarnos. Podemos amar verdaderamente y perdonar sin continuar en la misma relación con esa persona. Tenemos que usar la sabiduría al obedecer a Dios. Él nos guiará y nos mostrará cómo debemos interactuar con las personas que nos han lastimado.

En cuanto a esto, es importante que distingamos entre el perdón y la reconciliación. El perdón puede ser de un solo lado y no depende de la otra persona, ni de sus acciones. Pero la reconciliación requiere arrepentimiento, y sólo puede ocurrir cuando las dos personas involucradas están de acuerdo.

El perdón. Como hemos visto, el verdadero perdón proviene de Jesús. Una vez hayamos recibido el perdón, podemos confiar en Dios para que Él se encargue de las personas que nos han herido. Nosotros podemos extenderles a ellos el perdón que hemos recibido. Pero perdonar no significa que tenemos que reconciliarnos con el ofensor, o ponernos en una situación peligrosa. (Sobre todo si se trata de una situación de abuso, ya sea sexual o físico; no necesariamente hay que recuperar la relación). El perdón, sencillamente, significa que no guardamos rencor hacia esa persona. Somos libres para orar y pedir que Dios derrame Su gracia en la vida de esa persona para salvación, crecimiento y bendición.

1. Explica el perdón en tus propias palabras.

La reconciliación. Todos nacimos en pecado que nos separa de Dios, y si no fuera por el perdón de Dios, nunca pudiésemos ser reconciliados a una relación con Él. Es lo mismo con nuestras relaciones personales. Para que haya reconciliación, la persona o personas que pecaron deben expresar una verdadera confesión de pecado, buscar el perdón de Dios, y el perdón de la persona que ofendieron. Ambas partes tienen que estar reconciliadas con Dios antes de ser reconciliadas la una con la otra. Sólo el *amor de Dios* puede cubrir cualquier ofensa, y sólo la *gracia de Dios* puede dar la fuerza necesaria para restaurar una relación basada en el perdón y el amor.

2. Explica la reconciliación en tus propias palabras.

Es importante recordar que el perdón no necesariamente protege a la persona de las consecuencias naturales del pecado. Por ejemplo, el dueño de un carro puede perdonar al ladrón por haberle robado el carro, pero el ladrón aún puede ser arrestado y mandado a la cárcel. Si el ladrón se arrepiente y pide perdón, él recibirá el perdón completo de Dios, pero todavía experimentará la consecuencia legal de ir a la cárcel.

A veces, desde nuestro punto de vista limitado, las consecuencias nos parecen muy leves o muy severas, pero si cumplimos con nuestra parte de perdonar, podemos confiar en que Dios sabrá enseñarnos la mejor manera de tratar con esa persona. Aún si parece que la persona no sufre ninguna consecuencia, podemos estar seguros que *Jehová Roi* ve y sabe, y podemos confiar en Él para el resultado final. Saber esto nos libera para amar a los demás sin tener que juzgarles. Al final de cuentas, todo pecado es contra Dios y Él es el juez perfecto; podemos confiar en Él. Nuestra parte es simplemente perdonar.

3. Pedro le preguntó a Jesús en Mateo 18:21: "Entonces se le acercó Pedro, y le dijo: Señor, ¿cuántas veces pecará mi hermano contra mí que yo haya de perdonarlo? ¿Hasta siete veces?". ¿Cuál fue la respuesta de Jesús en Mateo 18:22?

4. Pedro creyó que estaba siendo misericordioso en su pregunta. Pero Jesús le dijo que debemos perdonar a los demás sin límite. Piensa en todo lo que te ha perdonado Jesús, ¿cómo respondes a esto?

Nunca paguéis a nadie mal por mal. Respetad lo bueno delante de todos los hombres. Si es posible, en cuanto de vosotros dependa, estad en paz con todos los hombres. Amados, nunca os venguéis vosotros mismos, sino de lugar a la ira de Dios, porque escrito está: Mía es la venganza, yo pagare, dice el Señor. Pero si tu enemigo tiene hambre, dale de comer; y si tiene sed, dale de beber, porque haciendo esto, carbones encendidos amontonaras sobre su cabeza. No seas vencido por el mal, sino vence con el bien el mal.

Romanos 12:17–21

5. Cuando Jesús estaba en la cruz, sufriendo la condena de un criminal, ¿qué dijo según Lucas 23:34?

Nunca conoceremos las profundidades del amor de Dios, hasta que perdonemos a alguien que nos ha pedido perdón.

6. Según Marcos 11:25-26, ¿por qué debemos perdonar a los demás, aun si no están arrepentidos?

Si perdonamos en palabras solamente, pero no de corazón, permanecemos bajo la misma condena.

C. H. Spurgeon

7. Haz una lista de las instrucciones que se encuentran en Colosenses 3:12-14.

8. Tener un corazón limpio delante del Señor trae libertad. Esta libertad se refleja en la manera en que extendemos el perdón que hemos recibido de

Dios a los que nos han herido, los que nos hieren, y los que nos herirán en el futuro. Mira la lista que hiciste en el primer día del estudio de esta semana y llena los espacios que se encuentran abajo, siempre recordando las palabras de Jesús en Lucas 23:34. (Usa una hoja de papel si te falta espacio).

Dios, extiendo tu perdón a

_____ por

_____

_____.

Dios, extiendo tu perdón a

_____ por

_____

_____.

Dios, extiendo tu perdón a

_____ por

_____

_____.

Dios, extiendo tu perdón a

_____ por

_____

_____.

Dios, extiendo tu perdón a

_____ por

_____

_____.

Dios, extiendo tu perdón a

_____ por

_____

_____.

Dios, extiendo tu perdón a

_____ por

_____

_____.

Escudríñame, oh Dios, y conoce mi corazón pruébame y conoce mis inquietudes. Y ve si hay en mí camino malo, y guíame en el camino eterno.

Salmo 139:23–24

8. Escribe lo que los siguientes versículos dicen del perdón y cómo tratar a los hermanos en Cristo.

Efesios 4:30-32:

1 Juan 4:21:

9. ¿Qué instrucciones nos da Jesús en Mateo 5:43-48? Escribe el pasaje en tus propias palabras.

10. Piensa en todo lo que has estudiado esta semana. Explica en tus propias palabras cómo es posible amar o perdonar a tus enemigos.

Dios no te obliga a rendir cuentas por lo que otros te hicieron. Pero Él sí te pide rendir cuentas por cómo respondes.
El amor siempre anticipa y busca lo mejor en los demás.

Nancy DeMoss Wolgemuth

DÍA 5: LOS NOMBRES DE DIOS

El último nombre de Dios que estudiaremos en este libro nos muestra que Dios ama la paz. La paz es el resultado natural del perdón; paz entre nosotros y Dios, y paz en el pueblo de Dios. Cuando conocemos al Señor como el Dios de la paz, nos fortalece para recibir el perdón de nuestros pecados, y ofrecer perdón a los que nos han lastimado.

Yo soy el Señor, ése es mi nombre; mi gloria a otro no daré, ni mi alabanza a imágenes talladas.

Isaías 42:8

JEHOVÁ SHALOM—EL SEÑOR ES PAZ

En Israel, la palabra hebrea *shalom*, tiene mucho más significado que la palabra "paz". Es una idea que va más allá de la falta de conflicto o ansiedad. *Shalom* es una palabra de pacto que significa "tranquilidad". Se refiere a una paz que viene de estar completo, íntegro, terminado, en seguridad y sano. En la Biblia se expresa el resultado de la relación que Dios tiene con Su pueblo. Cuando la relación con Dios está restaurada, el pueblo tiene paz. Esto es algo que nosotros también podemos tener, como resultado de poner nuestra fe en la obra culminada de Cristo en la cruz. Cuando oramos en el nombre de *Jehová Shalom*, "el Señor es paz", estamos orando a la fuente de toda paz.

Encontramos este nombre de Dios en Jueces 6. Gedeón estaba con miedo hasta el punto de tenerles terror a los madianitas, quienes oprimían a los israelitas. Gedeón estaba escondiéndose de los madianitas, sacudiendo el trigo en el lagar. Los madianitas estaban destruyendo la cosecha de los hijos de Israel y empobreciendo a Israel en gran manera. Fue en ese momento, cuando el miedo al enemigo era más grande, que Dios se dirigió a él como "valiente guerrero" (ver Jueces 6:12) y lo llamó a liberar a Israel de la mano de los madianitas (ver v. 14). ¿Qué era lo que hacía de Gedeón un guerrero valiente? Seguramente no fue su propio valor o fuerza, ni siquiera su fe. Pero en Jueces 6:16, Dios le dijo a Gedeón: "Ciertamente yo [*Jehová Shama*], estaré contigo y derrotarás a Madián como a un solo hombre" [nota aclaratoria]. (Recuerda, Dios también es *Jehová Sabaot*, ¡el Señor de los ejércitos!) Cuando Gedeón temió por su vida, porque había visto el Ángel del Señor cara a cara, "el Señor le dijo: La paz sea contigo, no temas; no morirás. Y Gedeón edificó allí un altar al Señor y lo llamó El Señor es Paz" (Jueces 6:23-24).

Me encanta cómo Dios habla directamente a nuestros temores y trae Su paz a nuestras situaciones, ¡si tan sólo escuchamos! A medida que caminamos con Jesús, no tenemos que preguntar: "¿Por qué, Dios?", o "¿Cómo, Dios?". No tenemos que temer. Cientos de veces en la Biblia, Dios nos dice: "No temas". No nos ha dado un espíritu de temor, sino de paz. Jesús nos dice en Juan 14:27: "La paz os dejo, mi paz os doy; no os la doy como el mundo la da. No se turbe vuestro corazón, ni tenga miedo". Cuando miramos al mundo, vemos muchas cosas que nos llenan de temor y ansiedad y turban nuestro corazón, pero cuando miramos a Jesús, nuestro Príncipe de Paz, Él toca y transforma nuestras vidas con Su paz que sobrepasa todo entendimiento (ver Filipenses 4:7).

El Señor dará fuerza a su pueblo; el Señor bendecirá a su pueblo con paz.
Salmo 29:11

1. ¿Qué dice Isaías 26:3 acerca de la paz?

2. ¿Qué dice Jeremías 29:11 en cuanto a los pensamientos que Dios tiene hacia ti?

    A. ¿Crees que la promesa de Dios de paz para ti significa que esta vida será fácil y llena de alegría todo el tiempo? Explica.

    B. ¿Qué dice Juan 14:27 que confirma o cambia tu respuesta?

3. ¿Qué aporta Efesios 2:14 a la definición de *Jehová Shalom*?

Su nombre es *Jehová Shalom*— ¡Su nombre es Jesús!

Repaso de los nombres de Dios

1. Jesús es *Jehová Shalom*—el Señor es paz. ¿Cómo te ayuda en tu situación actual saber que Dios es *Jehová Shalom*?

2. ¿Con quién te identificas más en el estudio de esta semana: Saúl, Pablo, Zorobabel, el siervo despiadado o Gedeón? ¿Por qué?

Su nombre es *Elohím*—Dios nuestro creador.

Su nombre es *El Elyón*—Dios Altísimo.

Su nombre es *El Shadai*—Dios Todopoderoso, nuestro guardián, el que cuida la puerta.

Y el Dios de paz, que resucitó de entre los muertos a Jesús nuestro Señor, el gran Pastor de las ovejas mediante la sangre del pacto eterno, os haga aptos en toda obra buena para hacer su voluntad, obrando El en nosotros lo que es agradable delante de Él mediante Jesucristo, a quien sea la gloria por los siglos de los siglos. Amén.

Hebreos 13:20–21

Su nombre es *Jehová Tsidkenu*— El Señor nuestra justicia.

Su nombre es *El Nasa*—El Dios que perdona.

Su nombre es *El Ahavát*—El Dios que nos ama.

Su nombre es *Jehová Rafa*—El Dios que nos sana.

Su nombre es *Jehová Yireh*—El Señor proveedor.

Su nombre es *El Kanna*—Un Dios celoso.

Su nombre es *Adonay/Yahveh/Jehová/*Yo Soy— Señor y Maestro.

Su nombre es *El Roi*—El Dios que nos ve.

Su nombre es *Jehová Shama*—El Señor siempre está presente.

Su nombre es *Jehová Sabaot*— El Señor de los ejércitos

Su nombre es *Jehová Shalom*—El Señor nuestra paz.

¡Su nombre es Jesús!

EL TOQUE TRANSFORMADOR DEL ESPÍRITU SANTO

Y no sólo esto, sino que también nos gloriamos en las tribulaciones,
sabiendo que la tribulación produce paciencia; y la paciencia,
carácter probado; y el carácter probado, esperanza; y la esperanza no
desilusiona, porque el amor de Dios ha sido derramado en nuestros
corazones por medio del Espíritu Santo que nos fue dado.
Romanos 5:3–5

DÍA 1: ¿ESTÁS VIVIENDO EN LA PLENITUD DEL ESPÍRITU?

Mis padres tenían una tienda cuando yo estaba en la secundaria, y toda la familia ayudaba con el inventario antes de cada cambio de temporada. Era necesario cambiar ciertas cosas cada temporada para que la tienda tuviera éxito. De la misma manera que el dueño de una tienda tiene que hacer inventario para determinar qué productos tiene y saber cuáles cosas están vendiendo bien y cuáles no, nosotros también necesitamos dejar el Espíritu de Dios hacer inventario de nuestro corazón para ver si estamos caminando en el Espíritu y viviendo con éxito para el reino de Dios

Al terminar este estudio, es importante que continuemos con el hábito de ser sensible al Espíritu y dejar que Él toque y transforme nuestras vidas. No es fácil dejar al Espíritu Santo escudriñar nuestro corazón; de hecho, puede ser muy doloroso y, a veces, requiere mucho tiempo. Él quiere que dejemos algunas cosas y reemplacemos otras, y que nuestras vidas puedan producir el aroma dulce y agradable del amor y el perdón de Dios. La buena noticia es que a medida que buscamos este toque transformador del Espíritu, Él será fiel para revelar, con mucho amor y cuidado, las cosas que no están produciendo buen fruto y mostrarnos qué es agradable ante los ojos de Dios, para que podemos ser llenos de Su Espíritu. De esta manera podremos tener Su vida y carácter en nosotros. A medida que buscamos Su plenitud para nuestras vidas, Él será fiel para tocar y transformar nuestros corazones.

1. Durante este estudio, ¿en cuáles áreas de tu vida has sentido el toque transformador del Espíritu Santo?

2. ¿Estás luchando con algo todavía? Pídele al Señor que haga un inventario de tu corazón y te muestre las cosas que no son provechosas para tu vida espiritual. Si estás luchando todavía con algunas cosas, escríbelas aquí y llévalas al Señor en oración. Decide dejarlas en el trono de la gracia para que puedas ser más efectivo en el reino de Dios.

Digo, pues: Andad por el Espíritu, y no cumpliréis el deseo de la carne. Porque el deseo de la carne es contra el Espíritu, y el del Espíritu es contra la carne, pues éstos se oponen el uno al otro, de manera que no podéis hacer lo que deseáis. Pero si sois guiados por el Espíritu, no estáis bajo la ley.

Gálatas 5:16–18

Hemos cubierto bastante en este estudio, pero para seguir en poder y victoria es vital vivir en el poder del Espíritu Santo de Dios. Él tiene recursos espirituales ilimitados para derramar sobre Su pueblo. Sin embargo, si no dependemos continuamente del Espíritu Santo para nuestro diario vivir, careceremos de Su poder y suficiencia.

Pablo le recordó a la iglesia de Galacia esto en Gálatas 3:3, cuando dijo: "¿Tan insensatos sois? Habiendo comenzado por el Espíritu, ¿vais a terminar ahora por la carne?" También habló de este asunto con la iglesia de Corinto: "No que seamos suficientes en nosotros mismos para pensar que cosa alguna procede de nosotros, sino que nuestra suficiencia es de Dios" (2 Corintios 3:5). Jesús nos dice que separados de Él nada podemos hacer (ver Juan 15:5), pero a medida que buscamos ser llenos del Espíritu Santo, Él nos dará Su poder para vivir. Pablo escribió sobre esto en Filipenses 4:13, diciendo: "Todo lo puedo en Cristo que me fortalece". Cuando vivimos dependiendo del Espíritu Santo, Él nos dará la fuerza para caminar en Su poder y victoria.

Así que, ¿qué significa andar en el Espíritu Santo o ser llenos del Espíritu Santo? En la segunda semana de este estudio, vimos que la palabra *Elohím* es el plural para Dios (ver Génesis 1:1). *Elohím* se refiere a Dios el Padre, Dios el Hijo y Dios el Espíritu Santo. El espíritu Santo es la tercera persona de la trinidad y tiene todas las características de una persona: Él tiene una mente (ver Romanos 8:27), tiene voluntad (ver 1 Corintios 12:11), es posible mentirle (ver Hechos 5:3), se puede entristecer (ver Efesios 4:30), y Él nos enseña todas las cosas (ver Juan 14:26). Su ministerio puede ser explicado con tres palabras del griego que muestran las diferentes maneras en que el Espíritu Santo trabaja en nuestras vidas.

Nadie puede decir: Jesús es el Señor, excepto por el Espíritu Santo.
1 Corintos 12:3

La primera palabra usada para describir el ministerio del Espíritu Santo es *para*, cuyo significado es "llamado a estar al lado". Antes de que fuésemos salvos y aún sin conocer a Dios, el Espíritu Santo fue llamado para *estar a nuestro lado*, atrayéndonos hacia Él (ver Juan 16:7-8). El Espíritu Santo nos llama y se revela de una manera suave, a veces, muy sutil, a través de otras personas, circunstancias, o sencillamente por medio de Su creación. Es el Espíritu Santo quien nos convence que Jesucristo es el Señor. Si eres creyente, el Espíritu Santo ya ha venido a tu lado cuando te trajo a la salvación.

La palabra griega *en*, que significa "en", expresa el segundo ministerio. El Espíritu Santo viene *a morar en* nosotros cuando recibimos la salvación. En el momento que nos arrepentimos de nuestro pecado, reconocemos nuestra necesidad de Jesús, y le pedimos que Él sea nuestro Salvador y Señor, nacemos de nuevo y recibimos el Espíritu Santo por fe. En ese mismo momento, somos sellados con el Espíritu Santo, como garantía de nuestra salvación (ver Efesios 1:13-14). De nuevo digo, si eres creyente en Jesucristo, ya tienes el Espíritu Santo en ti.

¿No sabéis que sois templo de Dios y que el Espíritu de Dios habita en vosotros?
1 Corintos 3:16

El tercer ministerio del Espíritu Santo es explicado con la palabra griega *epi*, que significa "venir sobre" o "rebosar", que también describe el bautismo del Espíritu Santo. Después de la resurrección, Jesús reunió a los discípulos para asegurarles que después de Su partida de la tierra, Él mandaría al *Consolador*, hablando del Espíritu Santo. Jesús luego instruyó a los discípulos a ir a Jerusalén y esperar la promesa del Padre (ver Hechos 1:4-8). En Hechos 2:17-18 leemos sobre el cumplimiento de esta promesa. Pedro estaba hablando de la *epi* cuando les dijo a los creyentes judíos: "Recibiréis el don del Espíritu Santo" (Hechos 2:38). Este tercer ministerio del Espíritu Santo está disponible a todos los creyentes en Cristo, aunque no todos los creyentes buscan o aceptan este ministerio. A veces, es porque sencillamente no conocen de este ministerio.

Dios nunca está limitado por nuestros métodos, entendimiento, ni horarios. Esta llenura del Espíritu Santo puede pasar en el momento de la salvación como pasó en Hechos 10:44-46, cuando Pedro llevó el evangelio a los gentiles por primera vez. Este bautismo puede ser una experiencia que viene después, como vemos en Hechos 19:2-16, cuando Pablo visitó a la iglesia de Éfeso. Cuando Pablo preguntó a los miembros de la iglesia si habían recibido el Espíritu Santo, ellos contestaron que no habían escuchado de *tal* Espíritu Santo. Fue lo mismo con la iglesia de Samaria cuando Felipe visitó a la iglesia allá (ver Hechos 8:14-17). Ambos grupos eran salvos, pero estos creyentes de Éfeso y Samaria recibieron el bautismo del Espíritu Santo *después* de la salvación, cuando Él vino sobre ellos.

Recibiréis poder cuando el Espíritu Santo venga sobre vosotros.
Hechos 1:8

Una vez que hayamos recibido el bautismo del Espíritu Santo, podemos ir al Señor continuamente, no para ser bautizados de nuevo, sino buscando una nueva llenura del poder del Espíritu Santo para cada día. Cuando hacemos esto, nuestra vida espiritual será dinámica a medida que somos "transformados a su semejanza con más y más gloria por la acción del Señor, que es el Espíritu" (2 Corintios 3:18, NVI).

El Espíritu Santo es el agente a través del cual Dios trabaja hoy en el mundo, dentro de la Iglesia y en los creyentes individuales. Por eso, necesitamos familiarizarnos con el Espíritu Santo, porque Él es Aquel que el Señor ha puesto sobre la Iglesia para guiar, dirigir y potenciar sus actividades.
Chuck Smith

El bautismo del Espíritu Santo está disponible para ti hoy. Como la salvación, el bautismo del Espíritu Santo se recibe con un paso de fe, con un corazón que está dispuesto a recibir todo lo que Dios quiere hacer en y a través de tu vida para Su gloria. La promesa de Hechos 2:38-39 está disponible para todos nosotros: "Arrepentíos y sed bautizados cada uno de vosotros en el nombre de Jesucristo para perdón de vuestros pecados, y recibiréis el don del Espíritu Santo. Porque la promesa es para vosotros y para vuestros hijos y para todos los que están lejos, para tantos como el Señor nuestro Dios llame".

Si tú quieres recibir el bautismo del Espíritu Santo por primera vez, o has recibido el bautismo pero quieres un nuevo toque de Dios, Él está esperando; cuando le pidas, Él será fiel y te llenará con Su provisión de gracia. Sólo tenemos que pedir y "recibiremos la promesa del Espíritu mediante la fe" (Gálatas 3:14). Es tan sencillo como pedir y recibir, y dar las gracias por el regalo del Espíritu Santo.

3. Después de hacer este estudio y haber considerado la obra del Espíritu Santo en tu vida, regresa a la primera semana del estudio y repasa la lista de los síntomas y situaciones que representan lo que el mundo tiene para ofrecernos. Haz una lista de los síntomas o las situaciones con las cuales estabas luchando cuando comenzaste el estudio y describe cómo Dios te ha ayudado en estas áreas durante el transcurso de este estudio.

Pues si vosotros siendo malos, sabéis dar buenas dádivas a vuestros hijos, ¿cuánto más vuestro Padre celestial dará el Espíritu Santo a los que se lo pidan?
Lucas 11:13

4. Contraste la lista de la primera semana con una lista de lo que Cristo nos ofrece cuando permitimos Su toque transformador en nuestras vidas. La lista a continuación está basada en la Palabra de Dios y resalta algunos de los resultados que vienen de la influencia del Espíritu Santo, cuando Él entra en nuestra vida para permanecer a nuestro lado. Encierra con un círculo aquellas cosas específicas que deseas para tu vida, y preséntalas en oración con la certeza de que el Espíritu Santo será fiel en suplir tu necesidad hoy.

- El Espíritu Santo convence al mundo del pecado, trae justicia y juzga el mundo (ver Salmo 98:2; Juan 16:8).

- El Espíritu Santo nos da vida espiritual (ver Romanos 8:11; 1 Pedro 3:18).

- El Espíritu Santo nos da acceso a Dios el Padre (ver Efesios 2:18).

- El Espíritu Santo nos da vida eterna (ver Gálatas 6:8).

- El Espíritu Santo nos revela las profundidades de Dios (ver 1 Corintios 2:10).

- El Espíritu Santo nos consuela (ver Hechos 9:31).

- El Espíritu Santo nos libera del miedo y nos lleva a ser adoptados por Abba Padre (ver Romanos 8:15).

- El Espíritu Santo nos revela todo lo que nos ha sido dado por Dios (ver 1 Corintios 2:12).

- El Espíritu Santo nos libera de la ley del pecado y de la muerte, y nos da libertad (ver Romanos 8:2; 2 Corintios 3:17).

- El Espíritu Santo nos lava y nos renueva (ver 1 Corintios 6:11; Tito 3:5).

- El Espíritu Santo nos revela a Cristo en nosotros y con nosotros (ver Juan 16:14-15).

- El Espíritu Santo nos llena y mora en nosotros (ver Juan 14:17; Hechos 2:4; 4:8, 31; 9:17; Romanos 8:9; 1 Corintios 3:16; Efesios 5:18; 2 Timoteo 1:14).

- El Espíritu Santo nos regenera (ver Juan 3:5-8; Tito 3:5).

- El Espíritu Santo nos santifica (ver Romanos 15:16; 2 Tesalonicenses 2:13; 1 Pedro 1:2).

- El Espíritu Santo nos transforma a la imagen de Jesucristo (ver 2 Corintios 3:18).

- El Espíritu Santo testifica en nosotros que somos hijos de Dios (ver Romanos 8:16).

- El Espíritu Santo nos guía (ver Mateo 4:1; Lucas 4:1; Romanos 8:14; Gálatas 5:18).

- El Espíritu Santo nos da poder (ver Lucas 4:14; 24:49; Hechos 1:8; Romanos 15:13, 19).

- El Espíritu Santo nos fortalece (ver Efesios 3:16).

- El Espíritu Santo echa afuera demonios (ver Mateo 12:28).

- El Espíritu Santo intercede por nosotros (ver Romanos 8:26-27).

- El Espíritu Santo nos enseña todas las cosas y nos recuerda las palabras de Jesús (ver Juan 14:26; 1 Corintios 2:13).

- El Espíritu Santo habla con nosotros, en nosotros y a través de nosotros (ver Mateo 10:20; Hechos 2:4; 8:29; 10:19; 11:12, 28; 13:2; 16:6-7; 21:4, 11; 1 Corintios 12:3; 1 Timoteo 4:1; Hebreos 3:7-8; Apocalipsis 2:11).

- El Espíritu Santo glorifica a Jesús y testifica que Él es el Cristo (ver Juan 15:26; 16:14).

- El Espíritu Santo nos enseña a orar (ver Romanos 8:26-27; Judas 1:20).

- El Espíritu Santo nos unge para ministrar a otros (ver Isaías 61:1; Lucas 4:18; Hechos 10:38).

- El Espíritu Santo nos ayuda a entender que Jesús mora en nosotros (ver 1 Juan 3:24; 4:13).

- El Espíritu Santo produce en nosotros el fruto (la evidencia) de Su obra y presencia, que es el amor (ver Gálatas 5:22-23).

- El Espíritu Santo otorga dones espirituales y hace manifestaciones (obras externas) de Su presencia en y a través de Su cuerpo, según Su voluntad (ver 1 Corintios 12:4, 8-11; Efesios 4:7-8; Hebreos 2:4).

- El Espíritu Santo trae unidad al Cuerpo de Cristo (la Iglesia). De la misma manera que las personas de la deidad son uno, nosotros también estamos unidos como uno en el Espíritu Santo cuando permanecemos en Él (ver Efesios 2:14-18; 4:3-6). Así que una de las primeras evidencias de la obra del Espíritu Santo en una iglesia será su amor y unidad (ver 1 Corintios 13).

- El Espíritu Santo derrama el amor de Dios en nuestros corazones, trayendo esperanza (ver Romanos 5:5).

- El Espíritu Santo es el sello para el día de la redención (ver Efesios 1:13; 4:30).

- El Espíritu Santo es nuestra garantía de la salvación y la vida eterna con Él (ver 2 Corintios 1:22; 5:4-5).

- El Espíritu Santo nos capacita para obedecer la verdad (ver 1 Pedro 1:22).

- El Espíritu Santo nos ayuda a esperar pacientemente la esperanza de nuestra justicia por la fe (ver Gálatas 5:5).

- El Espíritu Santo es el Único bautismo espiritual para el Cuerpo de Cristo (ver 1 Corintios 12:13).

- El Espíritu Santo nos da gozo (ver 1 Tesalonicenses 1:6-7).

- El Espíritu Santo trae esperanza (ver Romanos 14:17; 15:13).

- El Espíritu Santo nos ayuda a predicar el evangelio con poder (ver Romanos 1:4; 1 Tesalonicenses 1:5; 1 Pedro 1:12).

- El Espíritu Santo nos guía a toda verdad (ver Juan 16:13).

> *El que cree en mí, como ha dicho la Escritura: "De lo más profundo de su ser brotarán ríos de agua viva".*
> **Juan 7:38**

Si tienes cualquier pregunta sobre el bautismo del Espíritu Santo, la persona del Espíritu Santo o Su ministerio, escríbelas abajo. Luego habla con tu pastor o un líder sobre ellas.

DÍA 2: EL ESPÍRITU NOS DA ESPERANZA
EN LAS PRUEBAS

Hay mucha incertidumbre en cuanto a esto. La Palabra de Dios nos asegura que en esta vida habrá pruebas, luchas y tribulaciones (ver Juan 16:33; 2 Timoteo 3:12), y muchas veces estas pruebas son las herramientas que Dios usa para tocar y transformar nuestras vidas. Es fácil entender, sin embargo, por qué la gente que no confía en Dios se llena con ansiedad y desespero, y por qué razón buscan relaciones no saludables o actividades dañinas para llenar el vacío. Sin la gracia de Dios y la obra del Espíritu Santo obrando en y a través de nosotros para transformarnos y darnos Su poder, no tendremos la habilidad de perseverar en esta vida. Cuando nuestra esperanza descansa solamente en la gracia de Jesucristo (ver 1 Pedro 1:13), y caminamos en el poder del Espíritu, tendremos una perspectiva eterna que nos permite ver más allá de las pruebas de esta vida y nos ancla a la esperanza eterna que tenemos en Cristo.

El apóstol Pablo, mejor que nadie más en la Biblia, entendió la necesidad de un empoderamiento espiritual. En los tres viajes misionarios que hizo Pablo, él se encontró con muchas pruebas e incertidumbres cuando salió a compartirle a la gente sobre la esperanza eterna que él había encontrado en Jesús. Pablo entendió que la palabra de Dios es lo único que se mantiene firme, y recordó la promesa personal que Dios le había hecho camino a Roma (ver Hechos 23:11). Porque Pablo sabía que Dios es fiel a Su palabra, él pudo estar "firme, constante, abundando siempre en la obra del Señor", porque él sabía que su "trabajo en el Señor no era en vano" (1 Corintios 15:58).

De hecho, cuando Pablo fue advertido que le esperaba

cadenas y tribulaciones, su respuesta fue: "Pero en ninguna manera estimo mi vida como valiosa para mí mismo, a fin de poder terminar mi carrera y el ministerio que recibí del Señor Jesús, para dar testimonio solemnemente del evangelio de la gracia de Dios". (Hechos 20:24). Pablo es un ejemplo perfecto de lo que significa ser empoderado por el Espíritu Santo y aferrarse a la Palabra de Dios. Su esperanza no estaba puesta en las circunstancias ni en las relaciones terrenales, sino en el carácter de Dios, en Sus promesas, en Su Palabra, y en Él mismo. Cuando Dios tocó el corazón de Pablo, Él cambió su perspectiva de un enfoque temporal a uno eterno.

1. Busca 2 Corintios 11:23-28, y escribe las pruebas que Pablo enfrentó constantemente en su ministerio por la predicación del evangelio.

2. ¿Te has preguntado cómo Pablo pudo decir que las pruebas que enfrentamos aquí en la tierra no son dignas de ser comparadas con la gloria que nos ha de ser revelada (ver Romanos 8:18)? Busca

Pues considero que los sufrimientos de este tiempo presente no son dignos de ser comparados con la gloria que nos ha de ser revelada. Porque el anhelo profundo de la creación es aguardar ansiosamente la revelación de los hijos de Dios . . . Y no sólo ella, sino que también nosotros mismos, que tenemos las primicias del Espíritu, aun nosotros mismos gemimos en nuestro interior, aguardando ansiosamente la adopción como hijos, la redención de nuestro cuerpo. Porque en esperanza hemos sido salvos, pero la esperanza que se ve no es esperanza, pues, ¿por qué esperar lo que uno ve? Pero si esperamos lo que no vemos, con paciencia lo aguardamos.

Romanos 8:18–25

2 Corintios 12:3-4, y escribe qué le había pasado a Pablo y por qué él podía decir esto.

El apóstol Pablo podía comparar el sufrimiento de este mundo con la gloria de la vida eterna, porque él había visto el cielo con sus propios ojos. Él entendió la verdad que se encuentra en Apocalipsis 1:18, donde Cristo dice: "Yo soy el que vive. Estuve muerto, ¡pero mira! ¡Ahora estoy vivo por siempre y para siempre! Y tengo en mi poder las llaves de la muerte y de la tumba" (NTV). Pablo sabía que el cielo era su hogar verdadero, donde viviría para siempre con Cristo después de su último respiro en esta tierra (ver 2 Corintios 5:8). Pablo vivió bajo la influencia del Señor, rebosando en el Espíritu Santo. Él vivió aferrado a la esperanza viviente de Jesús, fijando su mirada en el llamado de Dios en Cristo Jesús. Pablo no sólo pudo perseverar en la tormenta, sino prosperar, crecer y conocer más a Dios. La buena noticia es que con el poder de Su Espíritu, nosotros podemos hacer lo mismo.

Y ahora, Señor, ¿qué espero? En ti está mi esperanza.
Salmo 39:7

DÍA 3: EL ESPÍRITU SANTO NOS DA ESPERANZA CON UNA PERSPECTIVA ETERNA

El Espíritu Santo no sólo nos da fuerza durante las tormentas de la vida, sino también nos da esperanza cuando aprendemos a ver las cosas desde una perspectiva eterna. La esperanza es uno de los conceptos más poderosos en la vida de un creyente. La esperanza nos fortaleza, calma nuestros temores, nos da ánimo y nos dice: "lo que ves con los ojos no es todo lo que existe". Como Pablo, Abraham tenía su esperanza puesta en Dios y su testimonio es un hermoso ejemplo de cómo el Espíritu Santo nos puede dar esperanza en Dios, que produce en nosotros una vida eterna.

Cuando Dios le pidió a Abraham que sacrificara a su hijo, Abraham ya había tenido suficiente experiencia con Dios para saber que el Señor iba a cumplir Su palabra. Hebreos 11:17-19 dice que "por la fe Abraham, cuando fue probado, ofreció a Isaac; y el que había recibido las promesas ofrecía a su único hijo . . . El consideró que Dios era poderoso para levantar aun de entre los muertos, de donde también, en sentido figurado, lo volvió a recibir".

Isaac era el cumplimiento de una promesa en el gran plan de Dios para bendecir a las naciones. En Génesis 12:2-3, Dios había prometido a Abraham: "Haré de ti una nación grande, y te bendeciré, y engrandeceré tu nombre, y serás bendición. Bendeciré a los que te bendigan . . . y en ti serán benditas todas las familias de la tierra". Abraham estaba dispuesto a sacrificar a Isaac, porque él creyó que Dios iba a cumplir Su promesa al mundo. Esta esperanza tan radical vino de una fe inconmovible de que Dios era capaz de levantar a Isaac aun de entre los muertos para cumplir Su promesa. Abraham no sabía todo el plan de Dios, pero debido a que él caminaba con Dios y confiaba en Su carácter, tenía la fuerza y confianza para hacer lo que Dios le pidió. Abraham había visto la fidelidad de Dios en el pasado, y podía mirar al futuro con esperanza.

La esperanza en el carácter inmutable de Dios también empoderó a Pablo. Al igual que Abraham, Pablo sabía que él no pertenecía a este mundo; sabía que sólo estaba transitando por este mundo rumbo a su hogar eterno. Pablo expresó esta idea en 2 Corintios 5:1 cuando dijo: "Porque sabemos que si la tienda terrenal que es nuestra morada [el cuerpo físico], es destruida, tenemos de Dios un edificio, una casa no hecha por manos, eterna en los cielos" [nota aclaratoria]. Pablo continuó en el versículo 8: "Pero cobramos ánimo y preferimos más bien estar ausentes del cuerpo y habitar con el Señor". También, Hebreos 11:13-16 dice de los que caminaban por la fe, vivían "confesando que eran extranjeros y peregrinos sobre la tierra", y "anhelan una patria mejor, es decir, celestial. Por lo cual, Dios no se avergüenza de ser llamado Dios de ellos, pues les ha preparado una ciudad". Estas verdades afirman las palabras de Jesús, cuando nos dice en Juan 14:1-3:

No se turbe vuestro corazón; creed en Dios, creed también en mí. En la casa de mi Padre hay muchas moradas; si no fuera así, os lo hubiera dicho; porque voy a preparar un lugar para vosotros. Y si me voy y preparo un lugar para vosotros, vendré otra vez y os tomaré conmigo; para que donde yo estoy, allí estéis también vosotros.

Como hijos de Dios, nuestra ciudadanía está en el cielo. El cielo es nuestro hogar verdadero; sólo somos peregrinos en este mundo, con la oportunidad gloriosa de guiar a otros a Dios, compartiendo la esperanza eterna que hemos encontrado en Él. La fe en Dios trae la "esperanza viva" que dice Pedro en 1 Pedro 1:3-5, esperanza que nos sostiene a pesar de todo. La seguridad de la presencia de Dios con nosotros aquí en la tierra todos los días y la esperanza de estar en Su presencia por toda la eternidad nos permite resistir las pruebas, las dificultades, las tormentas y el cansancio de esta vida y nos permite ser luz, que estimula a los demás a preguntar por la razón de la esperanza que está en nosotros (ver 1 Pedro 3:15).

Esta esperanza no viene sola, sobre todo cuando nuestro mundo parece estar derrumbándose a nuestro alrededor; esta esperanza está disponible para nosotros a través del Espíritu Santo, quien vive y obra en nosotros: "Y el Dios de la esperanza os llene de todo gozo y paz en el creer, para que abundéis en esperanza por el poder del Espíritu Santo" (Romanos 15:13).

1. ¿Cuáles son tus expectativas para tu vida?

2. ¿Cómo se comparan tus expectativas con la Palabra de Dios?

Esforzaos, y aliéntese vuestro corazón todos vosotros que esperáis en el Señor.

Salmo 31:24

3. ¿Qué quiso decir Pedro con la frase "esperanza viva", en 1 Pedro 1:3-5?

4. ¿Cómo puedes tener una perspectiva eterna? ¿Quién es la fuente de toda esperanza?

A. ¿Por qué es importante para un creyente tener una perspectiva eterna?

B. ¿Cómo se compara la felicidad de este mundo con la alegría que se encuentra en una perspectiva eterna?

Y que nuestro Señor Jesucristo mismo, y Dios nuestro Padre, que nos amó y nos dio consuelo eterno y buena esperanza por gracia, consuele vuestros corazones y os afirme en toda obra y palabra buena.

2 Tesalonicenses 2:16–17

DÍA 4: EL ESPÍRITU SANTO NOS DA ESPERANZA PARA PERMANECER

Permanecer en Cristo significa permanecer bajo Su señorío por el poder del Espíritu Santo.

En Juan 15:5, Jesús presentó la idea de *permanecer*, al compararse a sí mismo con una vid y a los creyentes con los pámpanos. Él dijo: "El que permanece en mí y yo en él, ése da mucho fruto, porque separados de mí nada podéis hacer". Esto ilustra la intimidad que existe entre los cristianos y Cristo Jesús. ¿Cómo sabemos si estamos permaneciendo en Cristo? En 1 de Juan 4:13 nos dice: "En esto sabemos que permanecemos en Él y Él en nosotros: en que nos ha dado de su Espíritu".

Toda vida espiritual y su crecimiento comienzan con permanecer en la presencia de Dios por el poder de Su Espíritu. Pedro nos dice en 2 Pedro 1:3-4 que "su divino poder nos ha concedido todo cuanto concierne a la vida y a la piedad, mediante el verdadero conocimiento de aquel que nos llamó por su gloria y excelencia, por medio de las cuales nos ha concedido sus preciosas y maravillosas promesas, a fin de que por ellas lleguéis a ser partícipes de la naturaleza divina". Allí es donde vemos el alcance de la relación íntima con Dios, lo que Él nos ha dado por medio de Su nuevo pacto de gracia. Cuando recibimos la salvación, no sólo nos acercamos a Cristo, y Él se acerca a nosotros; sino que ahora vivimos en Él y Él vive en nosotros. Vivimos en Cristo, unidos con Él, recibiendo de Su vida espiritual. Él también vive en nosotros y desea expresar Su vida a través de nosotros a medida que crecemos en Su gracia y en el conocimiento de Él.

Tengo un deseo ahora: vivir una vida de total abandono para el Señor, poniendo toda mi energía y fuerza en ella.
Elisabeth Elliot

Permanecer en Cristo es lo mismo que permanecer en Su Palabra. A lo largo de este estudio hemos visto la importancia de conocer los nombres de Dios. Pero también es importante entender la prioridad de la Palabra de Dios. En el Salmo 138:2, el salmista dice del Señor: "porque has engrandecido tu palabra conforme a todo tu nombre". Dios nos ha dado Su Palabra preciosa para ayudarnos a crecer "en la gracia y el conocimiento de nuestro Señor y Salvador Jesucristo" (2 Pedro 3:18).

Debemos tener mucho cuidado de no descuidar el tiempo de la Palabra de Dios. La Palabra es la fuente de alimento espiritual para nuestras vidas, y contiene todo lo que necesitamos saber del carácter de Dios, Sus atributos y Sus promesas. Al terminar este estudio, recuerda que los momentos difíciles vendrán (ver Juan 16:33), y aunque a veces parece que no hay salida, la Palabra de Dios nos recuerda que en Él siempre hay esperanza. Como dice el salmista en el Salmo 119:114: "Tú eres mi escondedero y mi escudo; en tu palabra espero".

1. Lee todo el Salmo 119, y nota la preeminencia de la Palabra de Dios mencionada allí.

    A. Haz una lista de los beneficios que la Palabra de Dios tiene para tu vida. ¿Cuántos puedes encontrar?

B. ¿Cuáles tienen mayor significado para ti? ¿Por qué?

Sólo podemos permanecer en Cristo por el poder del Espíritu Santo en nosotros. De hecho, nada podemos hacer separados de la presencia del Espíritu. Cuando Jesús estaba a punto de partir para regresar al Padre, consoló a Sus discípulos diciendo: "No os dejaré huérfanos; vendré a vosotros. Un poco más de tiempo y el mundo no me verá más, pero vosotros me veréis; porque yo vivo, vosotros también viviréis" (Juan 14:18-19). En el día de Pentecostés, el Espíritu Santo fue derramado con plenitud y poder. Hoy en día, el Espíritu Santo está a nuestra disposición para ayudarnos a permanecer en Cristo. A medida que aprendamos a permanecer en Cristo, se producirá fruto en nosotros para la gloria de Dios.

Para que Cristo pueda vivir en nosotros y nosotros en Él, sólo tenemos que buscar la vida que Él nos ofrece. Romanos 8:11 nos dice que "el mismo que resucitó a Cristo Jesús de entre los muertos, también dará vida a vuestros cuerpos mortales por medio de su Espíritu que habita en vosotros". Pídele al Señor que te ayude a ver que permanecer en Él es tan sencillo como comer o beber. De la misma manera que confías en el Señor para tu alimentación física puedes confiar en Jesús también para tu vida espiritual; es tan fácil como pedir y recibir y luego permanecer en Él.

2. Lee el pasaje de Juan 15:1-17 que sigue.

Yo soy la vid verdadera, y mi Padre es el viñador. Todo sarmiento que en mí no da fruto, lo quita; y todo el que da fruto, lo poda para que dé más fruto. Vosotros ya estáis limpios por la palabra que os he hablado. Permaneced en mí, y yo en vosotros. Como el sarmiento no puede dar fruto por sí mismo si no permanece en la vid, así tampoco vosotros si no permanecéis en mí.

Yo soy la vid, vosotros los sarmientos; el que permanece en mí y yo en él, ése da mucho fruto, porque separados de mí nada podéis hacer. Si alguno no permanece en mí, es echado fuera como un sarmiento y se seca; y los recogen, los echan al fuego y se queman. Si permanecéis en mí, y mis palabras permanecen en vosotros, pedid lo que queráis y os será hecho. En esto es glorificado mi Padre, en que deis mucho fruto, y así probéis que sois mis discípulos. Como el Padre me ha amado, así también yo os he amado; permaneced en mi amor. Si guardáis mis mandamientos, permaneceréis

Reciban abundancia de gracia y de paz mediante el conocimiento que tienen de Dios y de Jesús, nuestro Señor. Dios, por su poder, nos ha concedido todo lo que necesitamos para la vida y la devoción, al hacernos conocer a aquel que nos llamó por su propia grandeza y sus obras maravillosas. Por medio de estas cosas nos ha dado sus promesas, que son muy grandes y de mucho valor, para que por ellas lleguen ustedes a tener parte en la naturaleza de Dios y escapen de la corrupción que los malos deseos han traído al mundo.

2 Pedro 1:2–4, DHH

en mi amor, así como yo he guardado los mandamientos de mi Padre y permanezco en su amor.

Estas cosas os he hablado, para que mi gozo esté en vosotros, y vuestro gozo sea perfecto. Este es mi mandamiento: que os améis los unos a los otros, así como yo os he amado. Nadie tiene un amor mayor que éste: que uno dé su vida por sus amigos Vosotros sois mis amigos si hacéis lo que yo os mando. Ya no os llamo siervos, porque el siervo no sabe lo que hace su señor; pero os he llamado amigos, porque os he dado a conocer todo lo que he oído de mi Padre. Vosotros no me escogisteis a mí, sino que yo os escogí a vosotros, y os designé para que vayáis y deis fruto, y que vuestro fruto permanezca; para que todo lo que pidáis al Padre en mi nombre os lo conceda. Esto os mando: que os améis los unos a los otros.

Escribe lo que te motiva a seguir adelante basado en lo que acabas de leer.

Hermanos, yo mismo no considero haberlo ya alcanzado; pero una cosa hago: olvidando lo que queda atrás y extendiéndome a lo que está delante, prosigo hacia la meta para obtener el premio del supremo llamamiento de Dios en Cristo Jesús.
Filipenses 3:13–14

DÍA 5: LOS NOMBRES DE DIOS: APUNTAN A JESÚS

Hay una última cosa que tenemos que entender acerca del Espíritu Santo y es que nunca busca Su propia gloria. Él siempre buscará apuntar a Jesucristo. Esto es exactamente lo que Jesús les dijo a Sus discípulos: "Pero cuando Él, el Espíritu de verdad, venga, os guiará a toda la verdad, porque no hablará por su propia cuenta, sino que hablará todo lo que oiga, y os hará saber lo que habrá de venir. El me glorificará, porque tomará de lo mío y os lo hará saber" (Juan 16:13-14).

Para terminar este estudio, haremos un repaso de los nombres de Dios que hemos visto en *Toque transformador*. Al repasar los nombres y recordar los diferentes aspectos del carácter de Dios y las promesas de cada nombre, recuerda que también los nombres apuntan a Jesucristo, la Palabra. Toma el tiempo necesario para meditar en las características de Dios en cada nombre. Subraya los atributos que más necesitas recordar hoy.

1. *Elohím* (ver Génesis 1:1)

   A. ¿Qué aspecto del carácter de Dios te enseña este nombre?

B. ¿Qué significa *Elohím* en tu vida hoy?

2. *El Elyón* (ver Daniel 4:34-37)

    A. ¿Qué aspecto del carácter de Dios te enseña este nombre?

    B. ¿Qué significa *El Elyón* en tu vida hoy?

3. *El Shadai* (ver Génesis 17:1; Juan 10:7-9)

    A. ¿Qué aspecto del carácter de Dios te enseña este nombre?

B. ¿Qué significa *El Shadai* en tu vida hoy?

4. *Jehová Tsidkenu* (ver Jeremías 23:6)

A. ¿Qué aspecto del carácter de Dios te enseña este nombre?

B. ¿Qué significa *Jehová Tsidkenu* en tu vida hoy?

5. *El Nasa* (ver Salmo 99:8)

A. ¿Qué aspecto del carácter de Dios te enseña este nombre?

B. ¿Qué significa *El Nasa* en tu vida hoy?

6. *El Ahavát* (ver Deuteronomio 23:5)

    A. ¿Qué aspecto del carácter de Dios te enseña este nombre?

    B. ¿Qué significa *El Ahavát* en tu vida hoy?

7. *Jehová Rafa* (ver Éxodo 15:26)

    A. ¿Qué aspecto del carácter de Dios te enseña este nombre?

B. ¿Qué significa *Jehová Rafa* en tu vida hoy?

8. *Jehová Yireh* (ver Génesis 22:14)

A. ¿Qué aspecto del carácter de Dios te enseña este nombre?

B. ¿Qué significa *Jehová Yireh* en tu vida hoy?

9. *El Kanna* (ver Éxodo 20:4-5)

A. ¿Qué aspecto del carácter de Dios te enseña este nombre?

B. ¿Qué significa *El Kanna* en tu vida hoy?

10. *Adonay/Yahveh/Jehová/*Yo Soy (ver Éxodo 3:14-15)

A. ¿Qué aspecto del carácter de Dios te enseña este nombre?

B. ¿Qué significa *Adonay/Yahveh/ Jehová/*Yo Soy en tu vida hoy?

11. *El Roi* (ver Génesis 16:13)

A. ¿Qué aspecto del carácter de Dios te enseña este nombre?

B. ¿Qué significa *El Roi* en tu vida hoy?

12. *Jehová Shama* (ver Ezequiel 48:35)

A. ¿Qué aspecto del carácter de Dios te enseña este nombre?

B. ¿Qué significa *Jehová Shama* en tu vida hoy?

13. *Jehová Sabaot* (ver 1 Samuel 17:45)

A. ¿Qué aspecto del carácter de Dios te enseña este nombre?

B. ¿Qué significa *Jehová Sabaot* en tu vida hoy?

Por tanto, puesto que tenemos en derredor nuestro tan gran nube de testigos, despojémonos también de todo peso y del pecado que tan fácilmente nos envuelve, y corramos con paciencia la carrera que tenemos por delante, puestos los ojos en Jesús, el autor y consumador de la fe, quien por el gozo puesto delante de Él soportó la cruz, menospreciando la vergüenza, y se ha sentado a la diestra del trono de Dios.

Hebreos 12:1–2

14. *Jehová Shalom* (ver Jueces 6:24)

A. ¿Qué aspecto del carácter de Dios te enseña este nombre?

B. ¿Qué significa *Jehová Shalom* en tu vida hoy?

15. Escribe una oración mencionando los nombres y los diferentes aspectos del carácter de Dios que aplican a tu situación.

Nuestra esperanza se encuentra únicamente en Jesucristo. Él vino la primera vez como el Cordero de Dios sin pecado y sin mancha, tomando nuestros pecados. Un día, Él vendrá otra vez como el Rey vencedor, "para que en el nombre de Jesús se doble toda rodilla de los que están en el cielo, y en la tierra, y debajo de la tierra, y toda lengua confiese que Jesucristo es el Señor, para gloria de Dios Padre" (Filipenses 2:10-11). Él es nuestro creador, sustento, paz, victoria, pastor, justicia, santificación, roca, refugio, defensa, proveedor y sanador. Él es eterno y omnipresente. Él todo lo ve. Él nos ama y nos cela. Él es misericordioso. Él es el agua viva. Él es el pan de vida. Él es todo para nosotros.

Algunos confían en carros, y otros en caballos; mas nosotros en el nombre del Señor nuestro Dios confiaremos.
Salmo 20:7

En un mundo de intranquilidad y desesperanza, es fácil enfocarnos en las incertidumbres, miseria, odio, problemas y desastres que hay a nuestro alrededor. Pero con el poder del Espíritu Santo en nosotros, ponemos nuestros ojos en Jesús, en el perdón, la libertad y el favor que Él nos ofrece para que nuestros problemas se vean pequeños. Necesitamos enfocarnos en la esperanza eterna que nos ha sido dada; necesitamos permanecer en Cristo y en Su Palabra. Sólo el Señor Jesucristo da sentido a una vida sin sentido y da esperanza a quienes no tienen esperanza.

Dios quiere usarnos para ayudar a otros, y nunca hemos tenido una mejor oportunidad que ahora para darles una razón de la esperanza que está en nuestro corazón.

PALABRAS FINALES

Completar este, o cualquier otro estudio o programa, no es la cura total para tu vida. Sólo Jesucristo te puede sanar. Es importante acudir al Señor continuamente, depender de Él totalmente y buscar Su toque transformador en todas las áreas de tu vida. Pasar tiempo con Jesucristo y en Su Palabra, y depender del Espíritu Santo no debe parar al terminar este estudio.

La sanidad no se trata de conocer a una persona, leer un libro o completar un estudio. Se trata de una entrega total a Jesús, el autor y consumador de tu fe (ver Hebreos 12:2). La gente te va decepcionar, pero mantén tu enfoque en Jesús y Su Palabra, y permite que el Espíritu Santo te llene. Él nunca te decepcionará. Vendrán tiempos difíciles, pero Él estará contigo en toda circunstancia, porque le perteneces a Él, y Él te ha redimido (ver Isaías 43:1). Puedes descansar completamente en Él, porque Él mismo ha dicho: "Nunca te dejaré ni te desampararé" (Hebreos 13:5). Una vez que entiendes todo lo que Jesucristo ha hecho por ti, y lo continuará haciendo para ti, la gloria de Dios brillará en tu vida y sobre todos los que están a tu alrededor.

Por favor, al terminar este estudio, habla con tu pastor o un líder en tu iglesia, y hazle saber que has hecho este estudio y pídele que te ayude a buscar una clase de discipulado u otro estudio bíblico. Pídele que ore por ti para que puedas seguir creciendo en tu fe y dependiendo de Jesús para todo lo que necesitas, "estando convencido

> *Dios nos permitirá seguir tomando programas de autoayuda, de automejoramiento, hasta que los hayamos probado todos, hasta que finalmente lleguemos a la confesión honesta: "No puedo hacerlo. ¡No puedo ser justo en mis propias fuerzas!". Es entonces, cuando admitimos nuestra total impotencia, que encontramos esperanza. Porque es entonces cuando el Señor interviene para hacer una obra que no podríamos hacer por nosotros mismos.*
>
> Chuck Smith

Vemos que cuando Dios se mueve entre su pueblo con avivamiento, ya sea en un solo corazón o en muchos corazones, en una iglesia, en un hogar o en una comunidad, los incrédulos son obligados a tomar a Dios en serio. Cuando el pueblo de Dios está viviendo como el pueblo de Dios, cuando están experimentando la plenitud de todo lo que Dios ha destinado para ellos, cuando han sido liberados del cautiverio, entonces el mundo incrédulo está obligado a tomar a Dios en serio. "Entonces dijeron entre las naciones: 'El Señor ha hecho grandes cosas por ellos'".

Nancy DeMoss Wolgemuth

Al de firme propósito guardarás en perfecta paz, porque en ti confía.

Isaías 26:3

precisamente de esto: que el que comenzó en vosotros la buena obra, la perfeccionará hasta el día de Cristo Jesús" (Filipenses 1:6). Si no tienes una iglesia, te animo a buscar una que predique la Palabra, donde puedes continuar creciendo en tu relación con Jesucristo. El escritor del libro de Hebreos les dice a los creyentes: "Y consideremos cómo estimularnos unos a otros al amor y a las buenas obras, no dejando de congregarnos, como algunos tienen por costumbre, sino exhortándonos unos a otros, y mucho más al ver que el día se acerca" (Hebreos 10:24-25).

De la misma manera que el Señor estuvo dispuesto a tocar al leproso (ver Mateo 8:3), también está dispuesto a tocar tu vida hoy y todos los días trayendo Su sanidad y transformación. "Que Dios mismo, el Dios de paz, los santifique por completo, y conserve todo su ser —espíritu, alma y cuerpo— irreprochable para la venida de nuestro Señor Jesucristo. El que los llama es fiel, y así lo hará" (1 Tesalonicenses 5:23-24, NVI). ¡El Señor te bendiga y que sigas buscando Su rostro y creciendo en Su gracia y sabiduría, conociéndolo cada vez más para que el mundo entero lo conozca!

Notas

SEMANA 1: EL TOQUE TRANSFORMADOR QUE SANA

1. A. W. Tozer, *La Raíz de los justos* (Barcelona, España: Editorial CLIE, 1994), 11.

2. Tozer, *Evenings with Tozer: Daily Devotional Readings* [Tardes con Tozer: Lecturas devocionales diarias] (Chicago: Moody, 2015), 112.

SEMANA 3: EL TOQUE TRANSFORMADOR DEL AMOR DE DIOS

1. Spiros Zodhiates, *The Complete Word Study Dictionary: New Testament* [Diccionario completo de estudio de palabras] (Chattanooga, TN: AMG, 1993), 771.

SEMANA 4: EL TOQUE TRANSFORMADOR QUE QUEBRANTA

1. Victor Marx, *The Victor Marx Story: With God, All Things Are Possible* [La historia de Víctor Marx: Para Dios todo es posible] (Murrieta, CA: Onesimus, 2013), victormarx.com/two-roads-which-onewill-you-choose/.

DIARIO

DIARIO

DIARIO

DIARIO

DIARIO

DIARIO

DIARIO

DIARIO

DIARIO

DIARIO

DIARIO

DIARIO

Made in United States
Orlando, FL
12 December 2022

26461952R00167